como **MEMORIZAR** tudo o que quiser

Universo dos Livros Editora Ltda.
Rua do Bosque, 1589 – Bloco 2 – Conj. 603/606
Barra Funda – São Paulo/SP – CEP 01136-001
Telefone/Fax: (11) 3392-3336
www.universodoslivros.com.br
e-mail: editor@universodoslivros.com.br
Siga-nos no Twitter: @univdoslivros

MARCOS DA COSTA GOIS

como MEMORIZAR tudo o que quiser

São Paulo
2012

UNIVERSO DOS LIVROS

Diretor-Editorial: Luis Matos
Editora-Assistente: Carolina Evangelista
Preparação: Carolina Evangelista, Jamile Leão e Jefferson Ferreira
Revisão: Fernanda Fonseca, Guilherme Summa, Júlio Domingas e Letícia Vendrame
Arte: Camila Kodaira e Stephanie Lin
Capa: Zuleika Iamashita

Dados Internacionais de Catalogação na Publicação (CIP)
(Câmara Brasileira do Livro, SP, Brasil)

G616c Gois, Marcos da Costa.

Como memorizar tudo o que quiser / Marcos da Costa Gois. – São Paulo: Universo dos Livros, 2011.
128 p.

ISBN: 978-85-7930-299-2

1. Memorização. 2. Mneumônica.
I. Título.

CDD 153.14

SUMÁRIO

Introdução 9

Capítulo 1 – Desenvolvendo a sensibilidade com a concentração............................ 11

Capítulo 2 – Desenvolvendo uma mente criativa..... 25

Capítulo 3 – A ciência da sugestão no processo de aprendizagem....................................... 33

Capítulo 4 – As palavras-chave.............................. 41

Capítulo 5 – Técnicas de memorização................... 53

Capítulo 6 – Leitura dinâmica 81

"A memória é o essencial, visto que a literatura está feita de sonhos e os sonhos fazem-se combinando recordações." (Jorge Borges)

Introdução

Este livro tem como objetivo desenvolver técnicas de estudo que permitam responder a várias situações do cotidiano.

Motivação, compromisso, disciplina, planejamento, organização, harmonia e controle pessoal, bem como técnicas de estudo são pontos importantes que vão caracterizar uma vida mais bem-sucedida.

Se você tomou a decisão de melhorar a sua memória, dedique tempo ao seu objetivo. Quantas vezes deixamos de fazer o que é certo, como estudar, por exemplo, para nos dedicarmos a atividades que daqui a alguns anos nos parecerão fúteis e ridículas? Quantas vezes nos envolvemos em amizades ou relacionamentos com determinadas pessoas e, com o passar do tempo, chegamos à conclusão de que foi um grande desperdício?

Como afirmou Brooker T. Washington, "o sucesso é medido não tanto pela posição que alguém alcançou na vida, mas pelos obstáculos que ultrapassou enquanto tentava vencer".

Você sabe tomar decisões? Está decidido a ter sucesso? Está suficientemente motivado para isso? Está disposto a se sacrificar para alcançar os seus objetivos?

Então, você deve optar por algo que goste e que lhe interesse, pois assim se dedicará mais aos estudos.

Ter uma boa memória há muito já não é um diferencial e passou a ser uma necessidade. Isso facilitará muitas coisas, como por exemplo o aprendizado de novas línguas, a aprovação em vestibulares ou concursos, o que abrirá as portas para o nosso crescimento pessoal e profissional. Atualmente, temos de nos dedicar, com vontade e empenho, ao aperfeiçoamento, tendo a consciência de que, para almejar o sucesso, é necessário se preparar cada vez mais.

Este livro foi feito para todos que desejam instruir-se sobre as Técnicas de Memorização. Se você se sente desmotivado, desanimado, crente de que não vai conseguir melhorar sua memória, encontrou um livro que será uma ferramenta muito útil para atingir seu objetivo e afastar esse pensamento.

Capítulo 1

Desenvolvendo a sensibilidade com a concentração

Nosso cérebro

De aorsdo com uma peqsiusa de uma uinrvesriddae ignlsea, não ipomtra em qaul odrem as lteras de uma plravaa etáso, a úncia csioa iprotmatne é que a piremria e útmlia lteras etejasm no lgaur crteo. O rseto pdoe ser uma bçguana ttaol, que vcoê anida pdoe ler sem pobrlmea. Itso é poqrue nós não lmeos cdaa ltera isladoa, mas a plravaa cmoo um tdoo. Show de bloa.

35T3 P3QU3NO T3XTO 53RV3 4P3N45 P4R4 MOSTR4R COMO NOS54 C4B3Ç4 CONS3GU3 F4Z3R CO1545 IMPR3551ON4ANT35! R3P4R3 N155O! NO COM3ÇO 35T4V4 M310 COMPL1C4DO, M45 N35T4 L1NH4 SU4 M3NT3 V41 D3C1FR4NDO O CÓD1GO QU453 4UTOM4T1C4M3NT3, 53M PR3C1S4R P3N54R MU1TO, C3RTO? POD3 F1C4R B3M ORGULHO5O D155O! SU4 C4P4C1D4D3 M3R3C3 P4R4BÉN5!

O cérebro recebe as informações, organiza-as e as distribui para orientar todas as nossas ações. Ele também registra e arquiva dados importantes para o futuro.

Os problemas que surgem com a idade, como o esquecimento e a dificuldade para aprender coisas novas, envolvem o córtex cerebral e o hipocampo; as redes e circuitos formados nessas áreas têm a função de produzir associações entre as diferentes representações sensoriais de objetos ou eventos.

Nosso cérebro funciona como todos os outros órgãos de nosso corpo e a memória é uma função dele. Com boas técnicas e exercícios, qualquer pessoa pode desenvolver sua inteligência e memória.

O cérebro memoriza a informação que ele "sente". Por exemplo, sentir é ver, ouvir, cheirar, saborear; pelo tato, ou pela lembrança, estabelecer se algo é quente ou frio. Sempre memorizamos informação nova comparando e estabelecendo relações com coisas antigas.

O russo Pavlov mostrou que o cérebro, como o resto do nosso organismo, possui reflexos. A um desses reflexos ele denominou reflexo corrente. Você sabe o que é um reflexo corrente? Vejamos um exemplo: ao tocar inadvertidamente num local quente, sua mão se retrai instantânea e abruptamente, sem que sua vontade tenha tido oportunidade de intervir no comando do gesto. O reflexo é, portanto, uma reação motora (de movimento) a uma influência sensitiva (de sensação). A sensação de picada provoca movimento de recuo por parte do membro picado. Esses reflexos explicam-se por ligações diretas realizadas por fibras nervosas, localizadas entre zonas sensíveis e os músculos motores.

Há uma pesquisa de Pavlov que, nesse sentido, serve como bom exemplo. Certa vez, o estudioso introduziu na goela de um cão uma fístula, colocada no orifício do canal das glândulas salivares, de maneira a poder medir a produção de saliva. Nos dias seguintes, ele dava um assobio, e após alguns instantes, dava um pedaço de carne ao cão, o que provocava no animal salivação. Após 15 dias de repetição desse ato, assobiou, e não deu a carne; e a saliva produziu-se igualmente. Ou seja, era como se o assobio tivesse se tornado, para o cão, o incentivo da produção de saliva. Dizemos que o assobio transformou-se em um "incentivo condicionador", e a produção de saliva, em um "reflexo condicionado" pelo assobio. Esse reflexo foi adquirido, não era inato. Pavlov multiplicou experiências desse gênero e constatou que os reflexos condicionados são muito fáceis de serem estabelecidas no homem do que se pensava.

Na memorização, ocorre a mesma coisa; ao observarmos as três palavras num texto, a primeira coisa que fazemos é pensar na imagem que criamos e, imediatamente, na tradução associada ao facilitador[1], o que lhe proporcionará a lembrança da palavra em inglês.

O que determina a fluência em qualquer idioma, por exemplo, é a rapidez de acesso ao vocabulário, e não o seu tamanho. Essa atitude é o "incentivo condicionador"; imediatamente o pensamento responde a um reflexo condicionado.

Há mais bases científicas que corroboram a memorização, como, por exemplo, o fato de a simples aplicação dessa técnica ser um excelente exercício mental. As células cerebrais não se regeneram. Toda nossa massa cerebral já está desenvolvida quando nascemos e, a partir dos 20 anos de idade, as conexões entre os neurônios começam a atrofiar. Aos trinta anos, as primeiras células começam a se perder. Atividades cerebrais, porém, são capazes de completar as conexões e as fibras nervosas, ou mesmo de estimular novas conexões entre os neurônios. A velocidade com que o cérebro se atrofia reduz sensivelmente, e muitas doenças características da idade avançada são evitadas.

---

[1] O conceito de "facilitador" será explorado no Capítulo 5 – "Técnicas de memorização".

Cada sentido está relacionado a alguma forma de aprendizagem, assim, todo desenvolvimento da sensibilidade e da nossa capacidade de criar imagens favorece o estudo. A Academia Nacional Americana publicou, por exemplo, na revista *Procedings*, uma relação direta entre a audição e a leitura. Pessoas desatentas ou com problemas de audição também tinham dificuldade com a leitura. Por isso, investiu-se no treinamento da audição dessas pessoas e elas passaram a ter melhor aproveitamento nos estudos.

Memória olfativa

Eis um exemplo de exercício para treinar sua memória olfativa. Ele é muito útil, pois temos poucas ocasiões de desenvolver a nossa memória com perfumes e odores.

Esse exercício começará a desenvolver a sua sensibilidade, criando novas conexões mentais que serão utilizadas também para outras coisas:

1. Obtenha uma dezena de perfumes diferentes (amostras de perfumaria, por exemplo). Ou, para começar, itens de sua casa, como detergentes, sabonetes, alimentos, pasta de dente etc.
2. Pegue três amostras e tente distingui-las e designá-las pelo respectivo nome. Depois, complete com uma quarta amostra.
3. Depois, com uma quinta, até que possa, sem se enganar, tomar qualquer uma das dez amostras e dizer qual seu nome correto.

Tome como exemplo produtos de limpeza tais quais OMO, Ajax, Veja, entre outros. É interessante distinguir cada um desses produtos pelo seu cheiro peculiar. Esse é um exercício difícil, execute-o e verá como sua memória olfativa melhorará. Se quiser, ao caminhar em uma rua, praça ou parque, identifique os odores e cheiros e, depois, tente reproduzir as lembranças desses aromas.

O paladar

Nas próximas refeições, concentre-se nos sabores dos alimentos. Coma devagar. Identifique os vários sabores e tente reproduzir mentalmente as lembranças.

O tato

Mantendo os olhos fechados, pegue diversos objetos e tateie sobre a sua forma até identificá-los. Acostume-se a identificar conscientemente se uma parede ou qualquer tipo de superfície é lisa, áspera, fria ou quente.

Audição

Durante alguns minutos, procure estar atento aos ruídos do ambiente que o rodeia. Você se surpreenderá com todos os sons que irá identificar.

Esse interessante exercício desenvolverá o seu poder de concentração e atenção auditiva. Escute ou ouça o rádio ou a televisão; depois, diminua o volume; em seguida, diminua mais ainda; regule o seu aparelho o mais baixo possível até compreender, suficientemente, o que é dito. A fraca intensidade do som o obrigará a concentrar-se.

Ouça uma música, escutando-a atentamente e faça uma lista do maior número possível de instrumentos, que conseguir identificar, que participaram da composição.

Memória visual

Pegue um objeto (chave, objeto de adorno): observe-o com atenção durante 30 segundos, depois feche os olhos e tente representá-lo mentalmente, de maneira clara e precisa. Se alguns detalhes não estiverem perfeitamente claros, observe o objeto até que possa representá-lo mentalmente, com nitidez.

Outro exercício visual é reproduzir mentalmente as feições de uma pessoa que vê frequentemente: você verificará que só tem uma visão geral delas, uma impressão genérica, mas que os pormenores lhe escapam. Você completará a observação quando reencontrar a referida pessoa e recomeçará o exercício, até que obtenha uma representação perfeitamente nítida dela.

Você também pode descobrir e improvisar muitos outros exercícios para desenvolver a sua sensibilidade, concentração e imaginação.

Eis um exercício muito simples. Consiste em reencontrar o seu emprego de tempo, durante o dia anterior, detalhando de forma contínua, de modo a obter um quadro completo de tudo o que fez, viu e ouviu. Se tiver uma "falha" de memória, faça outra atividade e recomece o exercício dentro de 15 minutos ou meia hora.

Também podemos exercitar o cérebro para realizar alguma coisa no futuro. Você contará com a sua memória para pensar em uma determinada atividade para fazer amanhã.

Por exemplo, telefonar para uma pessoa. Imagine-se, pois, amanhã, chegando ao trabalho. No momento em que abrir a porta, pense em telefonar. Não anote isso em parte alguma, nem faça um nó em seu dedo. Simplesmente, hoje, pense no seu local de trabalho amanhã e peça à sua memória que o ajude na referida tarefa.

Veja o telefone em sua mente, associe a ação a algum objeto de seu trabalho. Use a sua imaginação. Veja a cena do telefonema e do objeto em movimento, em dimensões absurdas. Certamente, quando, amanhã, você se defrontar com o objeto ou com o telefone, por associação o seu cérebro o lembrará de fazer o telefonema.

O cérebro sempre trabalha por associação[2]. Quando for imaginar alguma coisa, destaque a imagem colocando-a em movimento em sua mente. Também podemos imaginar a modificação do volume, altura, comprimento e peso das coisas. Existe também uma dinâmica de transformação, duas coisas que se fundem originando uma terceira. Ou quando alguma coisa transforma-se por si mesmo, o envelhecimento, por exemplo. Também é possível explorar a quantidade das coisas e ativar a sensibilidade: cheiro, tato, cor, sabor e som.

Concentração

Concentração é indispensável para o desenvolvimento de sua memória. Concentrar-se é manter a atenção sobre um assunto determinado sem se distrair com outros pensamentos.

---

[2] O conceito de "associação" será melhor discutido no Capítulo 4 – "As palavras-chave".

Podemos classificar a concentração que usaremos para estudar em dois tipos:

- **Concentração imediata:** necessária para observar com cuidado um documento, uma paisagem, um acontecimento, um espetáculo, um monumento, um quadro.
- **Concentração prolongada:** necessária para estudar, aprender, reter, redigir, calcular, pensar, refletir.

A concentração imediata precisa ser praticada, instantaneamente e em todas as circunstâncias. Ela implica também a aptidão para mudar de assunto rapidamente. Por exemplo, se o apresentam a quatro ou cinco pessoas, sucessivamente, você deve ter a capacidade de concentrar-se sobre seus nomes e suas feições durante breves momentos, depois ficará atento na conversa.

A concentração prolongada usada para o estudo ou a reflexão necessita de treino. Eis um exercício conhecido pelo nome de "prateleiras cerebrais". O interessante é que ele pode ser feito em qualquer lugar, como uma sala de espera ou durante o trajeto para o trabalho.

Escolha três assuntos diferentes para reflexão: por exemplo, um projeto, a matéria de um estudo e uma lembrança pessoal (férias, viagem etc.).

Dedique três minutos de reflexão para cada um dos três assuntos. Durante os três primeiros minutos pense somente no primeiro assunto, passe depois ao segundo assunto – sem pensar em outra coisa – e, finalmente, passe ao terceiro assunto. É necessário não se distrair durante cada fase e, sobretudo, não pensar nos dois outros assuntos.

As Unidades Tempo de Leitura ou estudo são uma ferramenta muito importante para isso. É mais fácil pensarmos em nos concentrar na próxima hora sabendo que poderemos durante o intervalo – entre uma unidade e outra – pensar no que quisermos.

Imagine que você é como um submarino, dividido em compartimentos que devem ser fechados. Um desses compartimentos é o estudo ou leitura que você esta fazendo; pensar em outra coisa é como deixar a água entrar. Isso com certeza poderá "afundar" o seu projeto.

Problemas pessoais, relacionamentos ou dívidas podem dificultar a nossa concentração. Para melhorar isso, observe os exercícios de autossugestão no Capítulo 3 – "A Ciência da sugestão no processo de aprendizagem".

Algumas pessoas precisam ainda de alguns exercícios para condicionar o cérebro e se concentrar.

Esse exercício visa desenvolver a atenção, e todo esforço nesse sentido, é também um exercício de concentração.

Já aprendemos um pouco sobre a concentração e fizemos exercícios. Vamos agora aprender a nos concentrar para o estudo, reflexão ou redação.

Todo treino de memória deve começar por um treino de concentração. Quanto melhor for a sua concentração, mais rápida e profunda será a memorização.

Antes de tudo, observe que você é capaz de se concentrar por um período de tempo limitado sobre tudo que o agrade. Você pode se concentrar sobre a capa de uma revista, a manchete de um jornal, uma propaganda ou programa de televisão, uma pessoa que está passando na rua etc. Isso prova que seu poder de concentração está submetido à sua vontade.

Agora, note que você pode se concentrar facilmente sobre tudo que o interessa. Quando você lê um artigo sobre seu time, filme preferido, receita que você sempre quis aprender ou a vida de um ator de novela, você não tem dificuldade em concentrar-se.

A concentração é a faculdade que torna possível fixar a atenção sobre um assunto ou ocupação, impedindo que essa atenção seja desviada para outros assuntos. Em outras palavras, a concentração permite que, entre todas as imagens e pensamentos que possam ocupar nosso cérebro, façamos uma escolha em favor, repelindo outras.

A dificuldade não está em escolher o assunto sobre o qual pretende se concentrar, mas sim em eliminar a aparição de pensamentos que desviem a atenção.

Você está em condições mentais para realizar um trabalho intelectual rígido? Se achar que não, não procure a concentração, porque ela vai fugir de você. Repouse, levante-se no dia seguinte uma hora mais cedo. Busque concentrar-se apenas quando sua condição física o permitir.

Abordaremos agora as condições internas para uma boa concentração: o estado psicológico (fatores emocionais, sentimentais e subjetivos) interfere na concentração.

A falta de concentração pode ser encarada como um reflexo de defesa contra os assuntos que não nos agradam. O subconsciente repele o estudo ou a leitura desagradável.

Porém, como sabemos, muitas vezes é preciso estudar algo que não nos agrada. Quando isso acontecer conscientize-se sobre a importância desse estudo para você. Examine cuidadosamente as razões que o incentivam a estudar, o emprego que pretende obter, a situação que deseja alcançar, a admiração dos seus superiores. Resumindo, reveja o que constitui a sua meta. Penetre na imagem desse objetivo antes de iniciar o estudo.

Pegue duas folhas de papel. Sobre uma, escreva o que acontecerá se conseguir estudar com qualidade – alcançando, assim, seu objetivo –; na outra, escreva o que acontecerá se não se concentrar – a decepção, o esforço e o tempo jogados fora.

Aposto que muitas vezes você quer se concentrar sobre uma parte da leitura e, apesar do esforço, sua atenção se desvia e você verifica que não progride, por isso tem de ler muitas vezes para compreender o que está lendo. Ler dessa forma é um esforço muito penoso.

Se você tentar ler uma matéria sobre a qual não possui base o suficiente, não conseguirá compreendê-la, perdendo assim a concentração. Faça então algumas leituras preparatórias, lendo obras ou estudando conteúdo que serve de introdução ao que se pretende estudar.

Você notará que ganhará tempo dessa forma. Vale muito mais esse procedimento do que tentar progredir arduamente na leitura de uma obra ou matéria que ainda não está totalmente ao seu alcance.

O vocabulário da obra também pode atrapalhar sua compreensão. Nesse caso, consulte um dicionário sempre que precisar. Eu costumo escrever em um papel o significado de uma palavra assim que a encontro no dicionário para consultá-la novamente – se for necessário durante o estudo – e para futuras revisões. Não deixe de consultar o dicionário sempre que tiver dúvidas a respeito de uma palavra, por isso tenha sempre um ao seu alcance enquanto estuda.

Como se apaixonar pelo que está fazendo? Primeiramente, penetrando bem nas vantagens que terá com esse estudo de forma direta.

Para reencontrar uma melhor concentração quando sua atenção escapa durante o estudo, primeiro estabeleça profundamente a consciência do seu objetivo pessoal. Depois, volte para o local exato em que perdeu a concentração e marque-o com um lápis. Certifique-se de que a perda de concentração não foi causada pela dificuldade de compreensão. Se for esse o caso, tente compreender perfeitamente o sentido antes de prosseguir, mesmo que precise consultar outros materiais. Se não for o caso, retome a leitura e assinale sempre que perder a concentração. Com mais de três passagens assinaladas na mesma página, é inútil prosseguir. Se a sua unidade de leitura ou estudo for de uma hora, experimente fazer unidades de meia hora, mudando as matérias.

Nunca perca a intenção de se manter o mais concentrado possível. Não desista, tire de cada dia o melhor que esses 1.440 minutos podem oferecer.

Para se concentrar: primeira etapa

Um bom ambiente de trabalho é importante por duas razões:

- Em geral, não podemos nos concentrar e estudar sem que essas condições de calma e conforto sejam respeitadas.
- Com esse ambiente favorável, você vai criar reflexos condicionados de concentração.

Fixe bem esse ensinamento: para a concentração, para o estudo, escolha o ambiente propício e habitue-se a ele. Já falamos sobre reflexo condicionado: se você estudar sempre nos mesmos horários e condições, seu corpo vai se acostumar a entrar no estado de imersão necessário ao estudo; isso serve também para a concentração, já que sabemos que ela é imprescindível.

E mesmo que você seja uma delas, procure seguir o princípio que aprendemos nesta lição, e você verá que sua capacidade de aprendizado vai se multiplicar. Por outro lado, se você está acostumado a trabalhar ouvindo música, com a televisão ligada, ou mesmo navegando na Internet, não vejo problema nenhum nisso, desde que estabeleça um tempo adequado para realizar todas essas tarefas.

Mesmo que você não tenha um local de estudo propício, isso não pode ser desculpa. Procure utilizar sempre os mesmos horários, local e condições. Se há dificuldades para encontrar um local com o silêncio que julgamos necessário à nossa concentração, isso não é o fim do mundo: com um pouco de treino, você conseguirá se desligar dos "barulhos" externos; mas, para isso, ainda são importantes horário, local e condições. E quando falo em condições, refiro-me à mesa, às cadeiras, aos blocos de anotações, enfim, elementos habituais, que precisam estar presentes no momento do estudo.

No final das contas, a maior parte de nosso trabalho é mental. Ainda assim, é preferível que boa parte dele seja feito numa mesa, com todo o material necessário. Uma vez iniciado seu plano de desenvolvimento, estabeleça um lugar específico para cada coisa.

Neste tópico, salientamos, novamente, a importância da concentração para os estudos, e relembramos o conceito de reflexo condicionado. Podemos e devemos usá-lo para ajudar nossa capacidade de concentração. Aprendemos, também, que nos concentramos mais facilmente em assuntos do nosso interesse. Devemos, portanto, nos interessar pelo que queremos estudar. Aprendemos, enfim, que a concentração é relacionada ao ambiente: um local apropriado a facilita. Vamos, agora, estudar a segunda etapa necessária ao incremento de nossa concentração.

Para se concentrar: segunda etapa

Como já apontamos, quando você estiver estudando deve ficar longe do telefone, do romance que está lendo etc. Não se coloque, por exemplo, na frente de uma janela: além da luz no rosto, você pode se distrair com o que ocorre na rua. Procure evitar ao máximo o vai e vem e o ti-ti-ti de pessoas que o cercam; são os pequenos pormenores os que mais atrapalham quando queremos melhorar nossa concentração. Nessa fase é melhor ficar longe da televisão e do rádio, a não ser que você seja daquelas pessoas que **realmente** tenha a disciplina necessária para cumprir as metas estabelecidas. Elimine, também, fatores físicos, como fome, sede etc., já mencionados. Se você ficar parando, vai interromper o ritmo de trabalho. Beba um grande copo de água, coma um biscoito (de germe de trigo), ou um pedaço de chocolate, antes de começar a estudar; ou tenha um copo de água e biscoitos a seu alcance (mas não sob seus olhos).

Tudo isso pode parecer óbvio, mas se você for interrompido uma vez pelas informações do rádio, outra por uma pessoa que entra em seu quarto, mais uma porque precisa beber água, e a seguinte por assuntos adversos que ocorrem na rua, não venha me dizer que não sabe ou não consegue se concentrar.

De hoje em diante, procure colocar esses dois princípios em prática em todas as circunstâncias nas quais deseja se concentrar, e lembre-se que eles não valem somente para o estudo.

***

Não se pode obter concentração sob quaisquer condições. É necessário, para começar, se isolar do mundo exterior, escolhendo um ambiente favorável. Esse ambiente precisa ser calmo, com boa iluminação, temperatura normal e silencioso. Escolha um assento confortável, no qual possa sentar-se direito e com uma mesa com a altura adequada.

Nada pior para a perda da concentração que um telefone tocando, dores nas costas e pescoço, devido à má postura, e acima dos olhos, pela iluminação inadequada.

Em geral, não é possível se concentrar e estudar sem que essas condições de calma e conforto sejam respeitadas. Para o estudo, escolha o ambiente propício para a concentração e habitue-se a ele.

Se você estudar sempre nos mesmos horários e condições, seu corpo se acostumará a entrar no estado necessário ao estudo. Isso também serve para a concentração.

Existem algumas pessoas que têm maior facilidade para concentração e estudo em circunstâncias e locais adversos. Mesmo que você seja uma dessas pessoas, procure seguir os princípios que aprendemos, pois, normalmente, sempre estamos estudando muito e o montante de informações é enorme.

Mesmo que você não tenha um local tão propício, isso não pode ser desculpa para adiar o estudo. A maior parte de nosso trabalho será mental e poderá ser realizado sob outras condições, como de pé em um transporte coletivo. Mesmo assim, temos muito trabalho que deve ser feito em uma mesa com todo o material necessário à sua disposição. Imagine adiar uma tarefa por falta de um dicionário. Uma vez iniciado o seu plano de desenvolvimento, estabeleça um lugar específico para cada coisa. Livros, apostilas, cartões, fitas, dicionários, enfim, todo dia você terá que fazer uso deles e não pode perder tempo procurando ou tendo que fazer um novo cartão porque perdeu o antigo.

Elimine todas as causas materiais de distração e interrupção. Não se coloque em frente a uma janela, além da luz no rosto você pode se distrair com assuntos diversos. São os pequenos pormenores que têm grande importância, quando queremos melhorar nossa concentração.

Se ficar parando para beber água ou comer, interromperá seu ritmo de trabalho. Tudo isso pode parecer óbvio, mas se você for interrompido toda hora, não diga que não sabe ou não consegue se concentrar. Diga, sim, que não se coloca nas condições em que a concentração é possível.

O ex-presidente dos Estados Unidos da América, George W. Bush, apareceu numa foto na Internet segurando um livro de cabeça pra baixo (colocaram essa foto até em sites de humor). Dias mais tarde, no site do Governador do Texas, encontramos a foto original, foi uma falsificação.

Acontece que um dos exercícios para uma maior concentração e assimilação, indicado principalmente para textos que serão citados em discursos, entrevistas ou lidos em público, é exatamente ler de cabeça para baixo.

Algumas pessoas poderão se surpreender com isso, mas experimente e verá que dá resultado. Quando lemos um texto de cabeça para baixo e em voz alta, estamos melhorando também a nossa dicção.

Uma aluna ficava muito nervosa ao ler em público, até que sugeri esse exercício, bom para quem também quer melhorar a concentração. Assim que passou a fazer uma leitura preliminar do texto que seria lido, de cabeça para baixo e em voz alta, ela perdeu totalmente o medo; ajudando-a, inclusive, a ter um melhor controle emocional durante discursos.

Leonardo Da Vinci conseguia escrever como se num espelho, ao contrário, para que ninguém entendesse. Como muitos gênios, ele também era ambidestro.

Para muitas pessoas, mudanças como passar a ler usando técnicas de leitura dinâmica ou estudar utilizando associações mnemônicas em vez de repetições, são difíceis. Isso porque velhos conceitos precisam ser quebrados.

Quando meus filhos estudavam, nunca me importei se estivessem ouvindo música, comendo ou mesmo com a televisão ligada. Muitas vezes, quando havia muito silêncio, era eu que propositalmente quebrava a rotina, fazendo barulho para atrapalhar.

O importante é o engajamento, o propósito estabelecido de conseguir notas. A postura é importante, estar sentado corretamente pode fazer uma grande diferença. Talvez você seja um daqueles que só estuda em silêncio.

Algumas pessoas só memorizam se lerem em voz alta. Na verdade, se o seu problema é de concentração, ler em voz alta o obriga a ficar focado na tarefa e não lhe deixa entrar em devaneios, mas devemos estar dispostos a novas experiências que podem nos dar um resultado melhor.

Capítulo 2

Desenvolvendo uma mente criativa

Para desenvolver uma mente criativa, você pode se exercitar criando no seu cérebro a habilidade de construir argumentos inéditos, que podem ser um diferencial importante não apenas para escrever uma redação, mas também para ter um melhor desempenho nos estudos.

Uma pessoa com mente criativa é mais observadora e consegue nas interpretações de textos encontrar as soluções de questões difíceis.

Você também poderá usar a parte de seu cérebro que se desenvolveu para a criatividade em outros campos, como a memória e o raciocínio, uma vantagem significativa para qualquer pessoa.

Ferdinand de Saussure, em *Curso de Linguística Geral,* define como paradigma o conjunto de elementos similares que se associam na memória e que assim formam conjuntos relacionados.

Em grego, a palavra *parádeigma* significava um modelo ou um padrão a ser seguido. Uma matriz que não pode ser ignorada ou uma teoria que não pode ser contrariada. Uma referência ou esquema inicial que sirva de base para qualquer formulação.

Podemos afirmar que durante nossa vida estabelecemos uma série desses modelos ou padrões e temos uma grande dificuldade de nos libertar dessas matrizes.

Observe a figura e responda:

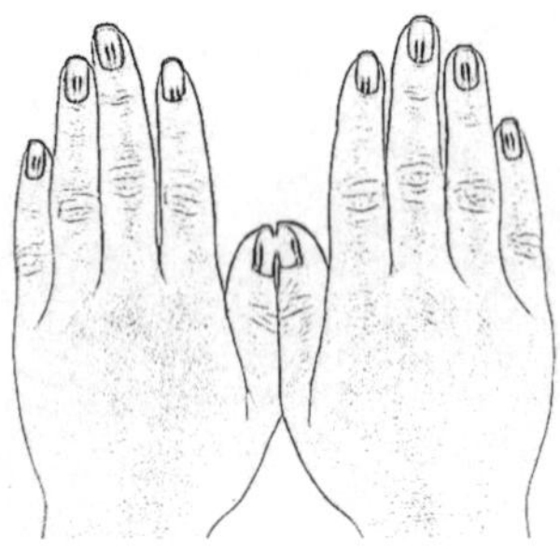

Quantos dedos nós temos em dez mãos?
Sua resposta objetiva: __________.

E se a pergunta fosse de múltipla escolha? Você confirmaria sua resposta?

(A) 100.
(B) 110.
(C) 90.
(D) 80.
(E) Nenhuma das alternativas.

Por incrível que possa parecer, a maioria responde a letra (A), o que demonstra que você está longe de ter uma mente criativa. A resposta correta é nenhuma das alternativas, descobriu por quê?

Caso tenha acertado, você é uma pessoa aberta a novos conceitos e não sofre muito a influência dos paradigmas. A imagem cria um paradigma muito forte na maioria das pessoas. Se ainda não sabe o porquê da resposta ser nenhumas das alternativas, encontrará a explicação no final do capítulo.

Quando ocorreu a sua última ideia criativa? Lembra-se de qual foi ela?

Uma das características que eu sempre encontro nas pessoas criativas é a curiosidade, o desejo de saber, entender e conhecer a respeito de todo tipo de coisa, desde a receita de um bolo que ela nunca vá fazer até mesmo o preço do petróleo no mercado futuro.

A curiosidade produz conhecimento, que é a matéria-prima de todas as novas ideias.

Mas temos de ter coragem de analisar esse conhecimento de forma diferente das outras pessoas, o que é difícil, por causa dos paradigmas.

Vamos dar um exemplo de exercício mental que poderá fazer com que você realize uma descoberta criativa.

São descobertas criativas que vamos elaborando diariamente que acabam por transformar a nossa mente.

Para fazer esse exercício, usaremos exemplos práticos de temas de redação que foram apresentados na Universidade Estadual de Londrina nos anos de 1991, 1992, 1993 e 1994, apenas a título de treinamento e levando em consideração que, na época, eu lecionava preparando os vestibulandos em um cursinho para as provas de redação, português e conhecimentos gerais.

Em 1991, foi apresentada dessa maneira a prova de redação – vou colocar aqui literalmente.

Prova de redação

I – Dissertação

1. Leia o tema dado a seguir e analise as ideias nele contidas.

2. Com base nessas ideias, faça uma dissertação em que você exponha seus pontos de vista e conclusões.

3. A dissertação deve ter a extensão mínima de 20 linhas e máxima de 30, considerando-se letra de tamanho regular.

TEMA PARA DISSERTAÇÃO

O amanhã começou ontem

Para desenvolvermos o exercício necessitamos apenas do tema.

E para desenvolvermos uma mente criativa é necessário aprendermos a pensar.

Em primeiro lugar, é necessário criar um símbolo concreto que possa representar o tema proposto.

Exemplos:

1. A imagem do amanhecer.
2. Uma ampulheta.
3. Agenda.
4. Relógio.

Foram essas as primeiras imagens que me ocorreram espontaneamente, não me preocupei em nenhuma justificativa para elas. Durante a busca desse símbolo eu percebi que o tema cita ontem, amanhã e omite o hoje.

Escolha um desses exemplos ou qualquer outro que lhe tenha ocorrido.

Agora aplicaremos no símbolo escolhido, sempre lembrando que ele representa o tema, um movimento. Ao imaginarmos esse símbolo em movimento estamos ativando o nosso cérebro para que ele crie.

A imagem deve ficar bem nítida na sua mente, **movimentar, redimensionar e multiplicar**, elementos que nos fazem pensar e acabam produzindo novas ideias.

Não tenha receio de construir associações audaciosas ou, até, idiotas. O importante é "ver" bem as imagens elaboradas. Misture imagens em movimento com imagens fixas, facilitando e estimulando o cérebro.

A primeira ação aplicada ao tema foi o movimento que pode ser relacionado com o naipe de espada do baralho, que se relaciona com o ar: a espada corta o ar que representa o movimento. Nada melhor que o ar, vento, brisa ou furacão para representar o movimento das coisas.

A segunda parte desse exercício, que tem o objetivo de estimular a sua criatividade, é a multiplicação. Imagine o símbolo do seu tema multiplicado várias vezes. Se fizermos uma analogia com os naipes do baralho, teremos as cartas de ouro, que também simbolizam a terra, que pode ser associada ao processo de multiplicação. É na terra que plantamos a semente que vai multiplicar e nos fornecer o alimento.

Agora você pode imaginar o tema "O amanhã começou ontem" utilizando o símbolo escolhido, por exemplo: uma agenda. Usando o artifício da forma, imagine uma agenda gigante, da altura de um prédio, ou uma agenda tão minúscula, que para poder observá-la, você teria de fazer uso de um microscópio. Copas[1] é o naipe da água, associado ao processo de medida e redimensionamento das coisas. Para modelar algo, nós o derretemos, pois assim podemos lhe dar a forma que desejarmos. Na dimensão, nós alteramos propositalmente a altura, largura ou comprimento, ou seja, o volume de uma coisa para podermos intensificar a imagem mental e proporcionar melhor novas ideias.

Esse exercício é finalizado com o naipe de paus que é o fogo que pode ser associado ao processo de transformação. Em tudo que o fogo atinge, haverá transformação. A argila fica dura e os metais ficam mais resistentes. Sem contar que os alimentos ficam mais seguros e saborosos e até a esterilização pode ser feita com o auxílio do fogo.

Na transformação, podemos usar outro artifício interessante; depois de ter feito exercícios mentais com as imagens e símbolos relacionados

---

[1] Veja a explicação completa sobre os naipes do baralho no Capítulo 4 – "Técnicas de memorização".

ao tema da redação, podemos procurar associar o símbolo – sempre lembrando qual tema ele representa – com vários elementos.

A cada nova associação e imaginação, devemos anotar a primeira ideia que surge na mente.

Só se preocupe com a justificativa após colecionar pelo menos uma série de dez associações.

Por exemplo, qual a primeira imagem que surge ao relacionarmos a agenda que simboliza a frase "O amanhã começou ontem" com:

1. **Números:** ao pensar em números e agenda a primeira coisa que me ocorre é o número 365.
2. **Cores:** vermelho, cor do couro.
3. **Músicas:** Zezé de Camargo & Luciano – "No dia em que saí de casa".
4. **Um filme:** a antiga série da televisão *O túnel do tempo.*
5. **Um livro:** *A Máquina do Tempo,* de Herbert George Wells.
6. **Uma bebida:** vinho.
7. **Um doce:** sonho de creme.
8. **Um animal:** elefante.
9. **Pássaro:** coruja.
10. **Alimento:** o pão.
11. **Vestuário:** uma capa.
12. **Um personagem:** Buck Rogers.

Agora, com essa lista de ideias que surgiram da associação da agenda com cada um desses elementos, eu volto na lista buscando identificar relações e motivos do porquê pensei em tais coisas.

Podemos utilizar as matérias de uma revista, reportagens de um jornal ou até mesmo as propagandas da TV para buscar relações.

Com esse exercício, que você pode fazer pelo menos uma vez por dia durante o seu estudo, você vai desenvolvendo uma mente criativa. Esse exercício também é muito útil no processo de memorização, uma vez que toda imagem que formamos sobre a matéria fará com que seja feita uma memorização mais permanente.

Eis mais alguns temas para você ir treinando:

- **1992:** "Nada existe de tão fácil, que não se torne difícil se você o faz de má vontade".
- **1993:** "O que importa não é alcançar a sociedade ideal, é caminhar para ela".
- **1994:** "Possíveis causas e consequências da situação de desemprego no país".

Procure temas e faça redações simuladas, realize sempre esse exercício de criatividade e terá ideias originais, que valorizarão o seu texto e a sua mente.

Você também desenvolverá uma mente criativa e capaz de criar imagens rápidas, que são a base da boa memória.

Lembre-se que a leitura de livros e reportagens diariamente, classificando e organizando as matérias mais importantes para uma avaliação posterior, também tem seus méritos. Coloque essas matérias em um arquivo no computador ou recorte e guarde, mas ache um tempo, o final de semana, por exemplo, para selecionar, classificar e fazer descartes. Reveja, também, as matérias mais antigas.

A memória e a criatividade dependem da quantidade de informações que você consegue analisar. Quanto maior esse arquivo de experiências mais criatividade e memória você terá.

Resposta para a pergunta do início do capítulo: Quantos dedos há em dez mãos? 50.

Capítulo 3

A ciência da sugestão no processo de aprendizagem

Antes de aprender algumas técnicas para ganhar tempo e eficiência na leitura preliminar, é necessário compreender a importância da sugestão na conquista de qualquer objetivo.

Por sugestão, entende-se a colocação de uma ideia na mente, que pode a princípio ser rejeitada pela pessoa, mas depois acaba sendo aceita e cumprida de maneira automática.

Por "sugestibilidade", entende-se um estado da mente que é favorável à *sugestão*. Quando a mente inconsciente aceita como verdadeira qualquer ideia sugerida, esta se transformará em convicção, provocando ações, estabelecendo hábitos e conquistando resultados que pela lógica poderiam ser considerados impossíveis.

O corpo e seu pensamento consciente são os aspectos de uma mentalidade, uma força interna. O corpo e o cérebro dependem da mente e da confiança que se adquire.

Uma pessoa que teve parte do cérebro comprometida por um acidente, se desenvolver uma vontade ou sugestão suficientemente forte, poderá provocar uma reação nas partes sadias do cérebro que passarão a executar as habilidades perdidas no acidente.

A mente está sempre agindo a favor da vida, da saúde e da realização pessoal. Mas ela pode ser afetada por sugestões ou ideias impróprias quando apresentadas forte e repetidamente a ela. Influências externas de amigos ou mesmo da família podem se tornar um peso e levar ao fracasso. Essas informações são recebidas e se contrapõem ao desejo de conquistar seus objetivos, transformando-se em medo. O medo paralisa a atividade da mente e impede que seu potencial máximo seja atingido. Superar o medo melhora a capacidade de utilizar o potencial do cérebro e do próprio corpo.

ANULANDO IDEIAS IMPRÓPRIAS

Elimine de sua vida qualquer coisa que sugira o fracasso; cerque-se de exemplos positivos. Grave na mente nomes de pessoas que são consideradas bem-sucedidas por você, e não uma lista de fracassados. Evite aquelas pessoas pessimistas que sempre encontram defeitos e obstáculos em tudo.

Como a sugestão é intensificada pela imaginação, é importante que você consiga se imaginar trabalhando na nova função para que a mente estabeleça isso como realidade.

Confie em sua memória

Quanto mais duvidamos da memória, menos desejamos contar com ela e pior é o seu desempenho. É um círculo vicioso. Mas você pode inverter a marcha. Confie em sua memória e ela terá oportunidade de funcionar intensamente. Ela melhorará.

Vamos estudar os métodos que permitirão duplicar, triplicar ou até mesmo quintuplicar as possibilidades de sua memória. Quanto mais aplicar essas técnicas, mais fará funcionar os mecanismos que permitirão registrar aquilo que pretender recordar.

Portanto, se pretende melhorar a sua memória, tenha confiança nela e faça-a funcionar. Mas lembre-se: o cérebro, como qualquer órgão do corpo, necessita de elementos que possibilitem o seu melhor funcionamento:

1. Dê ao seu cérebro oxigenação satisfatória.
2. Durma tempo suficiente.
3. Evite fumar.
4. Evite o álcool.
5. Tenha uma alimentação adequada.
6. Beba pelo menos dois litros de água diariamente.

Como assegurar ao cérebro condições de funcionamento favoráveis para dar suporte à atividade de preparação para que possamos melhorar nossa memória?

Nosso cérebro recebe uma quantidade considerável de sangue: de 2.000 a 2.200 litros em 24 horas. Isso representa cerca de 400 vezes o volume total de sangue em nosso corpo. O sangue, como se sabe, necessita de oxigênio. Para facilitar seu trabalho intelectual e, principalmente, para que sua memória funcione bem, é necessário assegurar ao sangue oxigenação suficiente. Portanto, durante o estudo, procure respirar de forma lenta e profunda.

A postura também é muito importante. Ao sentar, certifique-se de que seu quadril esteja totalmente encostado no assento. Nunca trabalhe ou estude com as pernas cruzadas, pois isso reduz a circulação sanguínea e, consequentemente, a oxigenação do cérebro.

Outro ponto importante é a questão da hidratação. A maioria das pessoas não toma a quantidade de água suficiente e acaba sofrendo os efeitos da desidratação, um problema difícil de se diagnosticar.

A água é importante para a pele e, principalmente, para o bom funcionamento do cérebro. A ansiedade provocada pela pouca ingestão de água pode atrapalhar sua capacidade de concentração.

Devemos beber, diariamente, pelo menos dois litros de água e evitar refrigerantes e cafés com muito açúcar. Eu, por exemplo, coloco na porta da geladeira quatro garrafas de meio litro de água, e vou tomando durante o dia. Pode ter certeza de que isso vai ajudá-lo a se concentrar e a ter um melhor desempenho mental. Não venha com a desculpa de que não gosta de beber água, ela é fundamental para o desenvolvimento de nossa inteligência!

Ter uma noite de sono calma e tranquila é outro ponto essencial. Cada pessoa precisa de um determinado tempo de descanso. Alguns, por causa do tipo de alimentação, requerem menos tempo de sono. Contudo, o mais importante é sempre dormir no mesmo horário. Pessoas que variam muito o horário de descanso acabam por prejudicar a capacidade de assimilação cerebral em relação aos dias nos quais houve mudança de ritmo. Portanto, procure dormir o tempo suficiente e sempre no mesmo horário.

Quanto ao tabaco, sempre me fazem a pergunta: ele é prejudicial ao estudo? O fumante tem, por vezes, a impressão de que o cigarro o ajuda a se concentrar e a raciocinar. Isso pode ser verdadeiro durante alguns instantes, mas, a longo prazo, pesquisas levam a crer que o tabaco prejudica a leitura.

Além do cigarro, é indiscutível que tomar álcool regularmente leva ao enfraquecimento da memória e à dificuldade de manter a concentração. Mesmo sob uma ligeira influência ocasional de álcool, a concentração na leitura e a assimilação do conteúdo tornam-se prejudicadas.

As substâncias que satisfazem às necessidades musculares não são as mesmas que satisfazem as do cérebro. Numerosas experiências provaram que as células nervosas e cerebrais necessitam de cálcio. Uma deficiência em cálcio provoca perturbações nervosas que vão do simples nervosismo à insônia e às câibras. É por isso que alguns sedativos têm como base o cálcio.

Por outro lado, constatou-se que a atividade mental provoca uma perda de ácido fosfórico e de sais de cálcio na urina. É necessário compensar essas perdas, de preferência, por meio da alimentação, com laticínios (queijo, ovos e leite), gérmen de trigo, amêndoas, nozes e avelãs.

Outro elemento importante para o bom funcionamento do cérebro e que possibilita maior concentração na leitura é o magnésio. Ele é encontrado no pão integral, no gérmen de trigo, no chocolate, nos legumes verdes e em algumas águas minerais. Barras de chocolate e água podem fazer milagres para uma pessoa desanimada.

Frutas, legumes, cereais, laticínios, chocolate e muita água. Hoje nas farmácias encontramos à venda vários suplementos que, apesar de não aumentarem o seu rendimento, farão com que você se mantenha animado e disposto.

Ter má postura, alimentar-se de forma inadequada, dormir pouco e em horários variados farão com que você se desconcentre e sinta sono na hora do estudo.

Porém, apenas uma boa alimentação não é o suficiente para garantir um bom desempenho mental. É fundamental administrar uma grande dose de *sugestão positiva*.

A maioria das pessoas não percebe que muitas vezes sequer respira adequadamente. A melhor respiração é aquela que exige esforço abdominal. Evite cruzar as pernas em momentos de reflexão, isso pode interferir em sua circulação sanguínea plena.

Diariamente, exercite algum tipo de *autossugestão*. Isso poderá proporcionar momentos de inspiração e irá livrá-lo da ansiedade. Assim, você desenvolverá um grande poder de concentração a fim de aperfeiçoar sua atividade mental. Siga os passos do exercício no item a seguir.

EXERCÍCIO DE AUTOSSUGESTÃO

Escolha uma música agradável que desperte em você sentimentos e lembranças prazerosas. Evite as canções que lembram tristeza ou saudade. Escolha também alguma situação, pela qual você já passou, que seja alegre e motivadora. Por exemplo: a lembrança de um passeio no campo ou na praia.

Sente-se com a coluna vertebral ereta, quadril totalmente acoplado no encosto da cadeira, joelhos levemente entreabertos, braços e mãos sobre as pernas. Feche os olhos. Inspire profundamente: segure um pouco o ar e depois expire. A princípio, pense em cada parte de seu corpo, imaginando e procurando relaxá-la. Comece pelos pés e suba devagar até o couro cabeludo. Procure manter-se concentrado em sua postura e respiração. Relaxe cada parte de seu corpo.

Imagine-se revivendo a situação que escolheu previamente. Procure trazer para o momento presente as sensações e emoções que sentiu ao passear na praia, por exemplo. Lembre-se dos aromas, as sensações na pele, os sons.

Isso deve fazê-lo sentir-se alegre. Então, imagine-se realizando algo no futuro, que seja difícil.

Nesse momento é importante que a situação se desenrole da maneira ideal. Não se lembre de problemas e limitações, pois o objetivo desse exercício é exatamente eliminar tais dificuldades. Imagine-se estudando com alegria e disposição.

O cérebro não diferencia a fantasia da realidade. Tudo que imaginar nesse momento será mais fácil de ser realizado. Veja-se alcançando seu objetivo. Quanto mais completa essa imagem, com aromas e cores, mais eficiente será a autossugestão.

Quando a seleção de músicas indicar que o tempo estipulado passou, levante-se e faça alguma atividade que aprecie muito, como cantar, comer algo que goste, assistir a um filme, ou seja, permita-se um prêmio que o deixe ainda mais feliz.

Faça diariamente esse exercício por 15 minutos, principalmente se você se sentir ansioso. Fuja da angústia, da tristeza e das lembranças dolorosas, que são verdadeiros vampiros de nossa alma.

Você pode praticar essa autossugestão diariamente, uma ou duas vezes antes dos estudos, e também substituir a ideia de estudar com alegria e satisfação por outro pensamento qualquer.

Uma senhora que fez um de meus cursos perdeu o medo do trânsito imaginando-se durante a autossugestão dirigindo e estacionando o seu carro sem nenhum problema. Outro aluno perdeu o medo de ambientes fechados. Esse exercício pode ser aplicado em tudo; nos relacionamentos, por exemplo, você pode se imaginar mais tolerante com as pessoas.

O relaxamento, a postura e a respiração abdominal são fundamentais para termos concentração durante o estudo e a leitura.

A REPETIÇÃO

Repetição é um princípio conhecido do funcionamento da memória. É um método que as crianças empregam quando começam a aprender qualquer coisa.

A repetição é um potente fator de memorização. Colocando em jogo os reflexos mecânicos de seu cérebro, ela pode permitir a lembrança de coisas que não apresentavam qualquer atrativo ou interesse, e para as quais não elaborou associação alguma. Dessa forma, você até pode, com repetição, reter um poema numa língua que lhe é totalmente desconhecida, por exemplo.

Essa memória, puramente mecânica, é bem mais aguçada nas crianças que nos adultos, pois diminui com o envelhecimento. Em compensação, a capacidade de fazer associações aumenta com o decorrer dos anos. Então, o que se perde por um lado, é amplamente compensado pelo outro.

A repetição desempenha um papel importante na fixação das lembranças – e isso em qualquer idade. Repita o que acaba de aprender e faça-o com intervalos. Não queira "armazenar" tudo de uma vez. Pelo contrário, volte à "carga" várias vezes.

Quando estudar qualquer coisa, reveja, revise, sempre que possível, o que aprendeu. Para fixar um nome ou um lugar repita-os mentalmente, várias vezes ao mesmo tempo.

As nossas lembranças são corroídas, pouco a pouco, pelo tempo, se nada fizermos para impedir isso. O remédio é simples: *a revisão.*

Revisão

Cuidado: ler duas vezes o mesmo texto não é tão bom quanto ler dois textos de autores diferentes sobre o mesmo assunto. Revisar um texto relendo-o nunca será tão eficiente quanto revisar mentalmente sem o auxílio de anotações.

Para que a revisão não seja demasiadamente lenta, é necessário prepará-la. Usar cadernos com anotações que deseja reter, datas, números, frases mnemônicas, quadros sinópticos de matérias estudadas etc. o ajudará a refrescar, em pouco tempo, as lembranças que se apagariam.

Do mesmo modo, destacar as passagens essenciais de uma obra, sublinhar ou anotar no livro ou em um caderno específico (eu prefiro o caderno, para não rabiscar o livro), permite que você reveja de forma rápida um tópico em vez de relê-lo integralmente.

Capítulo 4

As palavras-chave

Depois de ter feito uma leitura preliminar, você pode começar a desenvolver o trabalho de assimilação.

Antes de analisar a ordem em que será realizado o estudo, ou seja, o que deve ser aprendido primeiro, é importante compreender a importância de palavras-chave e tópicos para memorização.

O que é um tópico de memorização? Podemos estabelecer tópicos limitados por um determinado assunto. Se conseguirmos elaborar todas as perguntas possíveis sobre esse tópico, teremos uma forma de estudo completa.

Qualquer questionário é fundamentado em oito questões que podem compor um grande número de variações de perguntas. Para interpretar e assimilar um texto é importante não apenas saber responder questões sobre ele. Saber fazer perguntas é tão importante quanto saber encontrar as respostas.

As oito questões essenciais que você deve fazer ao ler um texto são:

1. O QUÊ?

Em qualquer texto, a resposta a essa pergunta será uma definição do principal assunto abordado. Leia-o por inteiro, procurando os elementos apresentados e tente diferenciá-los; às vezes o texto discorre sobre vários temas, então procure descobrir qual é a questão central. Concentre-se no essencial. Em uma narrativa, procure o fio condutor, que se estende ao longo dela.

2. QUAL?

Quando essa pergunta é feita, sempre há uma necessidade de classificação. Por exemplo, se você contasse a alguém que estuda Direito, poderia ser questionado: "Qual área do Direito?". Sua resposta poderia ser "Direito Constitucional". Ainda, alguém com mais conhecimento do assunto poderia querer saber se esse Direito Constitucional seria o vigente ou de constituições passadas.

3. Quem?

Todos os personagens apresentados no texto devem ser relacionados. Como são as suas personalidades e características? Como se relacionam entre si?

4. Onde?

O maior cuidado com essa pergunta é que na maioria das vezes não nos preocupamos em dar uma resposta completa, erramos ao deixar de citar algum dado presente no texto. Lembre-se que toda resposta a essa pergunta deve ser a mais completa possível. Cite o local onde se passa a história. Descreva os cenários com o maior número de detalhes possíveis.

5. Quando?

Devemos analisar se o texto sugere direta ou indiretamente uma data ou época. Mesmo que não esteja expresso claramente, você deve tentar inferir quando a matéria foi desenvolvida.

6. Quanto?

Um dos problemas dessa pergunta é quando respondemos algo diferente do que realmente nos foi perguntado. Quando é que tudo se passa? No passado, presente ou futuro? A duração é um dia, meses ou anos?

7. Por quê?

Eis uma pergunta perigosa que por vezes respondemos com a nossa opinião e não com o que foi formulado no texto. Descubra os motivos dos personagens. O fim é a sequência lógica?

8. Como?

Podemos descrever a maneira como algo pode ser feito. Propostas e sugestões de soluções de problemas apresentados além do que foi sugerido no texto podem auxiliá-lo muito. De que maneira agem os personagens? Que métodos são desenvolvidos?

Ao desenvolver as perguntas você estará avaliando a sua concentração e também se preparando para futuras avaliações.

As questões devem seguir essa ordem apresentada para que haja melhor desenvolvimento das ideias. Ao fazer suas avaliações pessoais de aprendizado, você pode ser simples ou detalhista, mas siga essa ordem, pois assim ficará mais fácil a construção de uma síntese.

O mais importante ao elaborar o questionário é tentar criar várias perguntas para cada um dos oito elementos, sabendo ou não a resposta. Se ignorá-la, ao voltar no texto você consolidará o aprendizado.

Criar questões é uma maneira de memorizar. Quando ler, pense apenas em passar um tempo estipulado sem preocupar-se com vocabulário ou assimilação. Desenvolva primeiro uma leitura que permita uma compreensão básica, com a qual você saiba o que deve ser memorizado. Muito do que lemos não precisa ser estudado. Elabore perguntas, e dê possíveis respostas a elas, assim, você poderá retirar palavras-chave e tópicos úteis para organizar e memorizar a matéria. Lembre-se de tirar todas as dúvidas sobre o vocabulário.

Anotações e observações

Ao ler um texto, faça apontamentos, grife as ideias principais e escolha palavras-chave em cada parágrafo. Sublinhe a lápis ou faça anotações nas margens. Sugiro nunca marcar na primeira leitura.

Ao sublinhar, trabalhe as argumentações principais de modo diferenciado das argumentações secundárias. Por exemplo, coloque um risco para as primárias e dois para as secundárias, ou utilize cores diferentes.

Quanto às anotações de margem, você pode criar um código de sinais que indique a sua maneira de entender o texto. Você pode colocar um sinal de interrogação quando a argumentação do autor não estiver clara, um sinal de igual quando a ideia contida no texto coincidir com a sua, um sinal de mais quando perceber que pode acrescentar algo mais nas argumentações e, um sinal de exclamação para destacar palavras-chave, por exemplo (cada um deve criar o seu estilo de fazer suas anotações, aquele que cada um se der melhor).

Um texto pode ser reconstruído utilizando-se apenas as palavras-chave ou expressões significativas em destaque. Para isso, é possível usar o modelo de um quadro sinóptico distribuindo as palavras-chave ou expressões mais relevantes uma após outra, ligando-as entre si, de acordo com seus conteúdos, de modo que o raciocínio lógico do texto fique retratado em poucas palavras.

Procure destacar apenas as palavras-chave, não coloque explicações, nem exemplos. Inicie com a ideia central e siga apresentando as ideias auxiliares, uma após outra, observando a sua posição hierárquica de significado e importância dentro do texto.

Utilize apenas as palavras principais para estudar textos, sintetizar aulas e preparar conteúdos a fim de estudar para as provas e exames, por exemplo. No início parecerá trabalhoso e supérfluo, mas com o passar do tempo pode tornar-se um hábito e, então, você passará a selecionar palavras-chave em qualquer texto que ler, o que se torna um instrumento eficaz de estudo. Procure elaborar resumos com tópicos e enunciados principais de todos os textos lidos, desde livros inteiros ou capítulos a artigos de periódicos, por exemplo.

Palavras-chave são fundamentais em estudos de grande quantidade de material.

Resumos

O resumo também é uma técnica importante para o estudo. Deve ser feito após a leitura de todo o texto, depois de realizadas as devidas anotações. Uma fórmula eficiente para elaborar resumos é responder às oito perguntas, já citadas, sobre o texto: o que, qual, quem, onde, quando, quanto, por quê e como.

Não é recomendável fazer o resumo simultaneamente à leitura, pois haverá o risco de torná-lo muito extenso.

A partir das palavras e tópicos-chave você poderá elaborar extensas listas de informações de rápida memorização. Mas, para isso, você deve compreender o que são os facilitadores.

Facilitadores

Apresentaremos vários tipos de facilitadores que serão importantes no processo de memorização.

Podemos considerar os questionários como importantes facilitadores no processo de encontrar palavras-chave. Mas, na verdade, eu os considero auxiliares. Um facilitador é utilizado especificamente para memorizar as palavras-chave depois que elas foram elaboradas.

O que seriam então os facilitadores? Elementos já conhecidos, com os quais estamos totalmente familiarizados e que utilizamos para memorizar. As mãos, quando utilizadas para lembrarmos quantos dias tem cada mês, é um bom exemplo. As concatenações[1] também, porque com elas trabalhamos as palavras-chave já elaboradas.

Outro tipo de facilitador é a palavra que utilizamos para facultar a lembrança de um nome ou termo incomum, ou uma palavra de língua estrangeira.

Se alguém chama-se Pedro, associar essa pessoa a uma pedra, imaginando que ele está carregando pedras, pode fazer com que, por causa do reflexo condicionado, na próxima vez que o encontrar, seu cérebro represente-o carregando pedras e você se lembre de seu nome. Pedra seria o facilitador.

Exemplos de nomes próprios e seus facilitadores:

- Ari – ar;
- Amaral – varal;
- Barbosa – barbado;
- Camargo – amargo;
- Marcos – marca;
- Carlos – calos;
- Beatriz – beata;
- João – chão;
- Celso – céu;
- José – pé.

Também podemos colocar facilitadores em nomes estranhos de matérias científicas. Com seu auxílio podemos lembrar melhor dos nomes, em geral, para isso temos que associar o facilitador à pessoa. Se for um personagem, autor ou nome importante do seu estudo, deve-se associar o facilitador com o assunto que está estudando.

---

[1] O conceito de "concatenação" será trabalhado no Capítulo 5 – "Técnicas de memorização", a seguir.

Um bom dicionário é muito útil para encontrar facilitadores. É melhor encontrar um bom facilitador para uma palavra estranha do que tentar memorizá-la repetindo-a várias vezes.

FACILITADORES PARA NÚMEROS

Vamos agora estabelecer uma maneira de relacionarmos todos os principais fonemas com os números.

Na língua portuguesa, utilizamos uma linguagem para a fala e outra para os números. Na língua hebraica, por exemplo, os números são representados pelas letras. Assim, alguém que saiba a língua hebraica, ao ler um texto também estará visualizando uma série de números. Essa propriedade do idioma hebraico facilita muito a memória para números de alguém que tenha domínio dessa língua. Podemos criar algo semelhante para a língua portuguesa.

Cada um dos dez algarismos de zero a nove terá sons que o representam. Com a ajuda dessas consoantes pode se representar um **número** com uma **palavra**.

Segue a lista de consoantes correspondentes aos dez algarismos, mas antes chamaremos as consoantes de "articulações", porque são os sons que importam, não a ortografia. Por exemplo, **g** em Jorge terá o mesmo valor que **j**, pois ambos possuem o mesmo som.

- **0** = s, z, ç, c (quando se pronuncia "ç"), ss
- **1** = t, d
- **2** = n, nh
- **3** = m
- **4** = r
- **5** = l, lh
- **6** = j, g (quando se pronuncia "j"), ch
- **7** = q, c (quando se pronuncia "k"), g (com pronúncia "gue"), gu, k
- **8** = f, v
- **9** = p, b

As **vogais** e o **h** mudo não possuem representação.
Exemplo:

- **4** = r – 5 = l
- **54:** é igual a l – r, **ler** ou **lar**
- **45:** é r – l, **rol** ou **ralo**
- **454:** é r – l – r, **reler**, por exemplo

Se for preciso recordar que determinado assunto se encontra na página **454** de sua enciclopédia, será muito mais fácil lembrar da palavra **reler** associando-a com o assunto em questão.

Eis como Aimé Paris, criador do sistema, ajuda a fixar a articulação principal que corresponde a cada algarismo:

- **0** → **c:** pouco lhe falta para ter a forma de um zero. Assemelha-se a dois zeros sobrepostos; **z** é a letra inicial do **zero**.
- **1** → **t, d:** têm apenas uma haste e são dentais.
- **2** → **n:** tem duas hastes.
- **3** → **m:** tem três hastes.
- **4** → **r:** assemelha-se a quatro em letra impressa.
- **5** → **l:** representa o **5** porque **L** representa **50** em numeração romana.
- **6** → **j:** manuscrito, tem uma curva como os "seis".
- 7 → **q, c (quando se pronuncia "k"), g (com pronúncia "gue"), gu, k:** assemelha-se a um 7 ou **ka-sete**, **cacete**.
- **8** → **f:** manuscrito, tem dois anéis, como o **8**.
- **9** → **p:** assemelha-se a um **9** voltado ao contrário e do avesso.

É absurdo, mas eficaz.
Exemplos:

Data = d – t = 11   **Dominó** = d – m – n = 132

Inversamente:

20 = n – s = noz, nós, Nice etc.

Atenção com as vogais! Na formação das palavras ou frases mnemotécnicas, note que as vogais colocadas no começo de uma palavra podem facilitar a respectiva transcrição, já que por convenção não têm articulação numérica.

Por exemplo, 15 pode ser não somente "telha" ou "dela", mas também "Otelo", "ideal" ou "Itália".

Para simplificar a elaboração de facilitadores, aproveitei essa mesma lista. Estabeleci que todas as palavras, desconsiderando as vogais, estariam relacionadas a algum desses sons. Quando não encontrava uma palavra, eu usava a consoante mais parecida, criando uma relação dos sons, por exemplo: um facilitador para a palavra janela em inglês ***window*** poderia ser **vindo**, **findo** ou **finco**, porque F e V são parecidos e estão na relação de facilitadores para números.

É muito fácil fixar inúmeras datas transcrevendo-as em facilitadores. Será suficiente transcrever os três últimos algarismos de uma data, porque normalmente sabemos se o acontecimento ocorreu antes ou depois de Jesus Cristo:

- **Fundação de Roma:** 752 a.C.: **752 = k – l – n**, o que sugere a palavra **colina**, que remete à frase **Roma foi fundada entre sete *colinas*.**
- **Batalha de Poitiers:** em Poitiers, **732 = k – m – n**, podemos ficar com a palavra **comunas** e usar a frase: **Carlos Martel expulsou os sarracenos das *comunas* francesas** em 732.
- **Morte de Joana d'Arc: 1431: t – r – m – d**, usamos a expressão ***tão sem remédio***. Frase: **Depois da morte de Joana d'Arc, a situação da França parecia *tão sem remédio*** (1431).

Você pode sem dificuldade encontrar frases desse gênero para todas as datas históricas que deseje reter.

Em geral, para se fixar datas basta reter os dois últimos algarismos, visto que o século é normalmente conhecido. Os meses podem ser traduzidos pelo seguinte código:

- **Janeiro:** 1 = t com exclusão do "d", reservado para dezembro
- **Fevereiro:** 2 = n
- **Março:** 3 = m

- **Abril:** 4 = r
- **Maio:** 5 = l
- **Junho:** 6 = j, ch
- **Julho:** 7 = k, c (duro, com pronúncia de "q" em cachorro, por exemplo)
- **Agosto:** 8 = f (com exclusão do "v", reservado para novembro)
- **Setembro:** 9 = p, b
- **Outubro:** 10 = 0 = s, z
- **Novembro:** v
- **Dezembro:** d

No início, você se sentirá incomodado, terá de pensar e recorrer ao dicionário. Mas esse é o grande objetivo do nosso desafio: **transformar o seu pensamento.** Pensar com velocidade, criatividade e eficiência depende de conexões neurais. Você estará desenvolvendo habilidades cognitivas que transformarão a sua vida.

Outro exemplo de facilitador: o esqueleto humano se compõe de 211 ossos. Existem 33 vértebras, classificadas em cinco grupos: 7 vértebras cervicais, 12 vértebras dorsais, 5 vértebras lombares, 5 vértebras sacras e 4 vértebras coccídeas. Para memorizar que o esqueleto humano possui 211 ossos, podemos representar 211 com um facilitador: **anotada**, pode ser a palavra, em que:

n ⟶ 2 / t ⟶ 1 / d ⟶ 1

Já para memorizar o total de vértebras (33), podemos usar a palavra **mamãe**, já que esta possui duas letras **m**, cada uma representa um número **3**.

Para memorizar o número de vértebras de cada um dos cinco grupos, vamos construir uma pequena frase iniciada por **mamãe ⟶** 33 e composta das seguintes articulações:

7	12	5	5	4
q	d – n	l	l	r
Quando	não	leio	lira	

Nossa frase pode ser: **Mamãe, quando não leio, lira**. A lira, instrumento musical muito frágil e sensível, é facilmente associável a vértebra, igualmente frágil e sensível, o que permite, no caso de esquecimento do significado e objetivo da frase, recordá-la com facilidade.

Tente criar outro exemplo. Lembre-se de que as frases facilitadoras são extremamente pessoais. Uma frase que faz sentido para mim e me ajuda a memorizar e recordar, pode não ter o mesmo efeito para você, por isso você deve criar suas próprias frases.

Lembre-se de que o uso do dicionário, além de ajudá-lo a encontrar palavras para suas frases mnemônicas, também enriquecerá seu vocabulário, já que vai aprender o significado de outras palavras.

Quando for associar a palavra a ser estudada com o seu facilitador, crie a imagem bem nítida em sua mente, usando as alavancas transformar, redimensionar, movimentar e multiplicar.

No início, eu tive uma grande dificuldade em criar imagens. Uma de minhas atividades preferidas sempre foi a leitura. Criar imagens de uma descrição de texto é fácil, o que me ajudou muito, mas eu tinha uma tendência de apenas "ouvir na mente as palavras".

A palavra e seu facilitador devem ser associados na mente com uma imagem. Podemos usar facilitadores para memorizar o vocabulário de uma língua estrangeira. Por exemplo, ***door*** **(porta) – dor**. Eu imaginava batendo o pé na porta e sentindo dor. Essa imagem era forte e fácil de fixar. **Dor** seria o facilitador para memorizar ***door***.

Exemplos de facilitadores para memorizar o vocabulário da língua inglesa:

- **Automóvel/Carro:** *Car.*
- **Saco/Bagagem:** *Bag.*
- **Caneta/Pena:** *Pen.*
- **Porta/Dor:** *Door.*
- **Malandro/Canalha:** *Canny.*
- **Olhadela/Lançar uma olhadela:** *Glance.*
- **Dirigir/Manejar:** *To manage.*
- **Dinheiro/Caixa:** *Cash.*
- **Moer/Grão:** *To grind.*
- **Tapete/Verruga:** *Rug.*

Capítulo 5

Técnicas de memorização

Técnicas de memorização ou mnemônicas são auxiliares da memória. Elas servem para memorizar listas ou fórmulas, e baseiam-se em formas simples de criar maiores construções e associações, considerando que a mente tem mais facilidade de memorizar quando associamos informações novas a dados antigos.

A palavra "mnemônica" origina-se de Mnemosine, deusa que personificava a memória na mitologia grega. Ela preservava do esquecimento, do Tártaro, o rio de onde as almas bebiam sua água quando estavam prestes a reencarnar, e por isso esqueciam sua existência anterior. Mnemosine era uma das Titânides, filhas de Urano e Gaia. Com Zeus, ela teve as nove Musas.

A primeira referência à mnemônica ocorre no método de Loci, na obra *De Oratore de Cícero*. No método é sugerido que os nomes de um grupo de pessoas podem ser memorizados se localizarmos cada pessoa em uma mesa de jantar ou nos aposentos de uma determinada residência.

Por exemplo, uma mnemônica amplamente difundida é aquela utilizada para averiguar quantos dias tem um mês utilizando os nós superiores dos dedos e os seus intervalos. A cada nó, intercalado com o intervalo entre o próximo nó, é atribuído sequencialmente um mês, iniciando-se sempre no nó do indicador, indo ao nó do dedo mínimo e continuando para a outra mão da mesma forma. Por serem doze meses, a contagem deverá terminar no nó do dedo anelar da segunda mão.

O número de dias é dado da seguinte forma: se o mês em análise corresponde a um nó do dedo, então é composto por 31 dias. Se corresponder a um intervalo entre nós, então tem 30 dias, à exceção de fevereiro, que poderá ter 28 ou 29 dias. Agosto, por exemplo, coincide com o nó do dedo indicador da segunda mão, portanto tem 31 dias. Outro exemplo muito conhecido é o de associar o mapa da Itália com a imagem de uma bota.

Uma das vantagens de ter uma memória treinada é poder lembrar apenas daquilo que deseja. Você não conseguirá recordar-se de tudo, a não ser que aplique conscientemente uma técnica.

Mas a aplicação diária das técnicas, fará com que você retenha muito mais informações do que a maioria das pessoas, mesmo sem ter aplicado nenhuma técnica específica. Com o passar do tempo, acabamos por aprender e passamos a memorizar automaticamente.

Nosso cérebro de novecentos gramas pode armazenar bilhões de itens de informação, mais do que os mais avançados computadores.

Em 2003, o matemático chinês Yingxu Wang, professor da Universidade de Calgary, no Canadá, publicou um estudo citado na revista *Super Interessante*, de abril de 2009, em uma matéria intitulada "Toda a informação do universo", no qual ele tentou medir a memória humana.

Na página 55 lemos:

> *"Wang teve a ideia de contar o número de ligações possíveis, e dar a cada uma delas o valor de 1 bit, que seria a menor unidade de informação digital. Ele chegou à conclusão que os nossos 100 bilhões de neurônios são suficientes para armazenar cerca de 10 elevado a 8.432 bits de memória. Imagine o numero 1 seguido de 8.432 zeros".*

Isso significa que temos um impressionante instrumento à nossa disposição e que precisamos aprender como usá-lo.

Mas por que lembramos de algumas coisas e esquecemos de outras? É necessário um esforço para aprender a recordar.

Uma das primeiras coisas que aprendi em minha vida é a importância da imaginação no processo da aprendizagem. Eu tive que me ausentar do primeiro ano da escola por motivo de mudança de endereço e acabei tendo que estudar muito para recuperar o tempo perdido. Minha mãe havia me presenteado com um quadro negro que eu utilizava para desenhar, do meu jeito, a matéria da escola. Essas imagens foram mais eficientes para o meu estudo do que ficar repetindo a lição. Quando fui para a nova escola, mesmo tendo faltado a muitas aulas e perdido o ritmo do estudo, tirei nota máxima em todas as matérias do exame.

Recordar é uma habilidade que podemos desenvolver; para melhorar a memória precisamos aprender as técnicas adequadas e praticá-las.

Quando alguém pergunta como melhorar a memória devemos considerar o fato de que não existe uma única maneira de solucionar o problema de uma memória fraca.

Várias circunstâncias diferentes determinam o melhor método para aprender: a bagagem, o conteúdo já adquirido, pode fazer a diferença. Um professor de matemática pode desenvolver memória para números de maneira diferente da aplicada por um aluno.

O que vai ser estudado? Diferentes métodos podem ser usados para aprender a mesma lista de palavras, números, poemas, discursos, música ou idiomas.

Memorizar um texto, palavra por palavra, é diferente de aprender apenas ideias e conceitos que podem ser apresentados na sua própria linguagem pessoal.

Capacitar-se para recordar uma matéria apenas imediatamente após aprendê-la pode exigir um método diferente de preparar-se para lembrar dessa matéria sempre.

Apenas estudar e memorizar não desenvolverá a sua memória além do esforço aplicado. Uma pessoa que estuda durante uma hora, diariamente, usando as técnicas certas, pode chegar a se desenvolver a ponto de dispensar a aplicação dessas técnicas. Outra pessoa que estudou durante três horas, diariamente, de maneira equivocada, nunca desenvolverá o seu cérebro, pois não ensinou o seu subconsciente a estudar corretamente.

Qualquer pessoa, independente da idade, encontrando o método mais adequado às suas necessidades, poderá aprender e ainda se desenvolver, desde que também aplique as sugestões dos cuidados necessários com alimentação, respiração e até mesmo com o sono.

O processo de memorização pode ser classificado em três estágios:

1. A leitura ou o aprendizado das informações e a compreensão do conteúdo. Quanto maior e mais abrangente essas informações, melhores os resultados futuros. Podemos considerar essa primeira fase como a da construção do esboço daquilo que deverá ser estudado.
2. A parte do armazenamento; a capacidade de fixar essas informações. A maioria acredita que a repetição seria uma forma eficiente de armazenamento. Sabemos que não é bem assim; repetir pode ser importante em algumas circunstâncias, mas as associações com imagens são as maneiras mais eficientes e rápidas de estudar.
3. Recuperar essas informações não significa apenas lembrar, mas também saber aplicar esse conhecimento em cálculos e soluções de problemas.

A nossa capacidade de recuperar informações depende de como esse material é guardado. Para que possamos nos manter atentos e concentrados nas mais variadas tarefas, nosso cérebro provoca um esquecimento rápido das informações adquiridas. Você já deve, por exemplo, ter consultado o número de um telefone em uma agenda e antes de iniciar a ligação perceber que o esqueceu. Podemos afirmar que a memória utilizada para lembrar-se desse número de telefone é de curto prazo e muito limitada. A maioria das pessoas não consegue se lembrar de mais do que cinco itens ou números depois de uma única leitura.

Toda a informação que recebemos, e não é revista, é guardada nessa limitada memória de curto prazo. Dessa forma, para que uma grande quantidade de informações possa ser guardada por um longo prazo é necessário que ela seja repetida ou associada com outra informação cuja qual você já domine.

A simples classificação e agrupamento de uma informação podem aperfeiçoar essa memória de longo prazo.

Por exemplo, os números: **829611001480** podem ser lidos como **829-611-001-480**. É o que a maioria das pessoas faz com os números do CPF ou da cédula de identidade. Na verdade, nós transformamos um número grande em quatro números menores, ou podemos dizer que transformamos uma informação grande em quatro módulos menores.

A mesma coisa acontece em uma lista de objetos ou palavras: é bem mais fácil memorizar um grupo de 20 objetos reunindo-os em quatro grupos de cinco, do que tentarmos memorizá-los um a um.

Memorizar uma lista de 20 palavras será mais fácil ainda se classificarmos essas palavras em quatro grupos de cinco elementos levando em consideração alguma afinidade.

Concatenações

A concatenação é a forma mais simples de classificação e simplificação utilizada para ativar a memória.

A palavra **AIDA** é uma concatenação para facilitar a memorização dos passos que um vendedor deve seguir durante uma abordagem de vendas:

A. Atenção: despertar a atenção do cliente.
I. Interesse: argumentar sobre o produto destacando suas vantagens para que o cliente se interesse pela compra.
D. Desejo: mostrar as vantagens de ter o produto para que o cliente deseje, efetivamente, possuí-lo.
A. Ação: fazer perguntas envolventes que façam o cliente agir, ou seja, pagar pelo produto.

Outro exemplo: a fórmula que expressa o "juro de um capital a certa taxa, colocado durante determinado tempo", pode ser memorizada com a concatenação:

Careta sobre 100
isto é: **j = crt / 100**
em que: **j** = juro; **c** = capital; **r** = razão ou taxa e **t** = tempo.

Já a lista dos imperadores romanos será mais fácil de ser lembrada, com três palavras cujas sílabas correspondem à primeira sílaba do nome de cada imperador:

- **Césautica.**
- **Claunegalo.**
- **Vivestido.**

Os imperadores são:

- César.
- Augusto.
- Tibério.
- Calígula.
- Cláudio.
- Nero.
- Galba.
- Otão.
- Vitélio.
- Vespasiano.
- Tito.
- Domiciano.

As cores do arco-íris, na sua ordem espectral, podem ser memorizadas usando a palavra **VAAVAAV**, em que:

- **V**ermelho.
- **A**laranjado.
- **A**marelo.
- **V**erde.
- **A**zul.
- **A**nil.
- **V**ioleta.

Podemos encontrar o valor de "π" com 10 decimais, contando o número de letras de cada palavra da frase seguinte:

Até	a	nado	a	Carla	encontrou	na	margem	peixe	bem	lindo
3,	1	4	1	5	9	2	6	5	3	5

Como vimos, as concatenações são relativamente fáceis de elaborar e você poderá formá-las, especialmente, para fixar listas de palavras e nomes, como: informações geográficas, informações históricas, fórmulas etc.; você pode criá-las usando simplesmente as iniciais e depois reordenar para facilitar o estudo. Por exemplo com os estados brasileiros, divididos em regiões:

- **As regiões:** NO_NO_CE_SU_SUL ou SU_CE_SUL_NO_NO.

- **Região Norte:** Acre (Rio Branco), Amapá (Macapá), Amazonas (Manaus), Pará (Belém), Rondônia (Porto Velho), Roraima (Boa Vista), Tocantins (Palmas):

A_AMA_AMA_PA_RO_RO_TO
ou
PA_TO_AMA_A_AMA_RO_RO.

- **Região Nordeste:** Alagoas (Maceió), Bahia (Salvador), Ceará (Fortaleza), Maranhão (São Luís), Paraíba (João Pessoa), Pernambuco (Recife), Piauí (Teresina), Rio Grande do Norte (Natal), Sergipe (Aracaju):

A_BA_CE_MA_PA_PE_PI_RI_SE
ou
A_CE_BA_MA_PA_PE_PI_RI_SE.

- **Região Centro-Oeste:** Distrito Federal (Brasília), Goiás (Goiânia), Mato Grosso (Cuiabá), Mato Grosso do Sul (Campo Grande):

D_ GO_MA_MA
ou
MA_D_GO_MA.

- **Região Sudeste:** Espírito Santo (Vitória), Minas Gerais (Belo Horizonte), Rio de Janeiro (Rio de Janeiro), São Paulo (São Paulo):

E_MI_RI_SA
ou
E_RI_MI_SA.

- **Região Sul:** Paraná (Curitiba), Rio Grande do Sul (Porto Alegre) e Santa Catarina (Florianópolis):

PA_RI_S.

As concatenações são muito úteis e não são o único artifício utilizado para facilitar a memorização.

Familiaridade

Quanto mais sabemos a respeito de determinado assunto, mais fácil é aprender informações novas sobre ele. O aprendizado é construído sobre o que já sabemos. Se já sabe algo a respeito de determinado tópico e se está familiarizado com ele, então as novas informações serão mais significativas.

Podemos aplicar muitas técnicas em um conteúdo, mas ficará mais fácil se lermos e desenvolvermos uma visão de conjunto.

Associações

Todos os campeões de memória mais experientes sempre recorrem a um artifício, fazem ligações entre as imagens e aquilo que querem lembrar. Essa é a técnica de associar.

Os facilitadores do capítulo anterior são úteis para encontrar elementos concretos que podem ser imaginados.

Os gregos sabiam que o cérebro tem mais facilidade em gravar números, nomes ou fatos quando estes estão relacionados e representados em uma imagem.

Nas associações, é importante dar asas à imaginação. Nossa memória consegue armazenar cerca de dez mil imagens, com as quais podemos fazer qualquer associação. Quanto mais absurdas forem essas imagens, mais fácil será a assimilação. O segredo de uma boa memória é formar associações múltiplas e diversas com qualquer elemento que desejemos fixar.

A associação é indispensável para fixar as lembranças e depois para a respectiva recordação. As associações não têm, necessariamente, que ser naturais ou lógicas. Ficará mais fácil criar associações e imagens se alavancarmos essas imagens fazendo-as, por exemplo, movimentar-se ou aumentar de tamanho. Eu chamo esse artifício de "alavancas".

As imagens que criamos durante o estudo poderão ser intensificadas se usarmos:

- Alavanca de *movimentar.*
- Alavanca de *transformar.*
- Alavanca de *alterar a dimensão ou forma.*
- Alavanca de *aumentar a quantidade.*

O importante é "ver" bem as imagens elaboradas. Misture imagens em movimento com imagens fixas. Isso facilita a memorização das palavras.

No início de seu estudo, selecione tópicos e palavras-chave, associe-os uns aos outros ou a tabelas de revisão. Não se preocupe se demorar um pouco para fazer as imagens. Com prática, usando o método das "associações de imagens", chegará a construir as cadeias em dois ou três minutos, muito menos tempo que com o estudo mecânico clássico ou tradicional.

Para se familiarizar ainda mais com as alavancas, associe-as com os naipes do baralho.

- **Paus:** é o fogo que pode ser associado ao processo de transformação. Em tudo o que o fogo atinge, haverá transformação. A argila fica dura e os metais ficam mais resistentes. Os alimentos ficam mais seguros e saborosos. Até a esterilização pode ser feita com o auxílio do fogo.
- **Ouro:** é a terra que pode ser associada ao processo de multiplicação. É na terra que plantamos a semente, que se multiplica para nos fornecer alimento.
- **Copas:** é o naipe da água, associada ao processo de medida e redimensionamento dos objetos. Para modelar algo, nós o derretemos, pois assim podemos dar a ele a forma que desejarmos. Na alavanca da dimensão, nós alteramos propositalmente a altura, a largura ou o comprimento, ou seja, o volume de algo para podermos intensificar a imagem mental e proporcionar melhor memorização.
- **Espada:** podemos associá-la ao ar, que representa o movimento. Nada melhor do que o ar, vento, brisa ou furacão para representar o movimento das coisas.

AS LIGAÇÕES SIMPLES

Uma das maneiras mais eficientes de estudar é fazendo ligações simples com palavras ou tópicos selecionados do conteúdo.

Se desejar uma assimilação maior, aplique alguma técnica de memorização. Não acredito que a repetição seja uma boa técnica de estudo.

Utilizando o texto "Separação silábica" você pode aplicar uma técnica simples de memorização, chamada de método das ligações ou sistema LIGUE.

SEPARAÇÃO SILÁBICA

A divisão silábica deve ser feita a partir da soletração, dando o som total das letras que formam cada sílaba, uma de cada vez. Usa-se o hífen para marcar a divisão silábica (por exemplo, con-ver-sí-vel). São normas para a divisão silábica:

- **Não se separam os ditongos e tritongos:** como o ditongo é o encontro de uma vogal com uma semivogal na mesma sílaba, eles não podem ser separados – Pa - ra - guai / Ro - gé - rio / au - la.
- **Hiatos, encontro de duas vogais em sílabas diferentes, têm as vogais separadas. Fique atento para compreender hiatos:** a - é - re - o / pi - a - da / ca - ir / ci - ú - me.
- **Os dígrafos ch, lh, nh, gu e qu não são separados:** cho - ca - lho.
- **Os dígrafos ss, rr, sc, sç e xc são separados:** pás - sa - ro / nas - cer / cor - ri - da.
- **Vogais idênticas e os grupos consonantais cc e cç são separados:** co - or - de - na - dor / in - te - lec - ção.
- **Encontros consonantais ocorridos em sílabas internas diferentes são separados:** em - pre - gar.
- **Grupos consonantais que ocorrem no início dos vocábulos são inseparáveis:** psi - co - se / dra - ma / pneu - mo - ni - a.

Volte ao princípio do texto, elabore uma relação dos principais elementos que deseja memorizar e relacione-os em duas colunas seguindo a ordem do texto, colocando o primeiro item na primeira coluna, o segundo na segunda, o terceiro item de novo na primeira coluna e assim por diante. Veja o exemplo das palavras que retirei do texto:

Soletração	hífen
Não se separam	ditongos e tritongos
Paraguai	Rogério
Hiatos	encontro
Dígrafos	vogais idênticas
Encontros consonantais	empregar
Grupos	dramas

Nem todos os textos são tão ricos em informações; escolhi apenas alguns itens para usarmos como exemplo.

No processo associativo devemos considerar dois pontos importantes já mencionados:

1. O cérebro memoriza a informação que ele "sente", por exemplo: ver, ouvir, cheirar, reconhecer um sabor, tatear.
2. Memorizamos a informação nova sempre comparando e estabelecendo relações com as antigas.

Seguindo essas duas regras podemos ligar cada dupla de palavras sentindo e estabelecendo relações.

Para facilitar a soletração com hífen, imagino uma sola de sapato, sendo a sola um facilitador de soletração onde há várias letras impressas separadas por grandes hifens. Ao fazer isso eu me obrigo a sentir e estabelecer uma associação com as duas informações novas, soletração e hífen na sola, com uma informação antiga, que é a máquina de lavar roupa.

Fazemos com cada dupla separadamente, por isso é chamado de um método simples de ligações. Vamos continuar para você entender.

Imagine com a maior realidade possível você separando ditos de dizer e trigos. Seguimos o mesmo princípio, as duas novas informações associadas a uma antiga que é o trigo.

Agora se imagine no **Paraguai** com uma pessoa chamada **Rogério**, pode ser alguém que você já conheça. A informação antiga que "ancora" as duas informações novas é o nome **Rogério**, referente à pessoa que você já conhece.

Vamos visualizar vogais se encontrando. Imagine os dígrafos que são duas consoantes se encontrando com duas vogais idênticas. Depois pense em encontros consonantais em um mural de empregos. E, finalmente, grupos de pessoas em um teatro apresentando um drama. A princípio, pode parecer difícil, mas é mais divertido do que decorar.

Agora cubra a coluna da direita com a mão e leia a coluna da esquerda. Veremos se ao ler a primeira coluna os elementos da segunda serão lembrados automaticamente.

Soletração	...
Não se separam	...
Paraguai	...
Hiatos	...
Dígrafos	...
Encontros consonantais	...
Grupos	...

Se acontecer uma falha, é porque a visualização não foi feita adequadamente. O cérebro não assimila bem as coisas que ele apenas "escuta".

A princípio, você vai sofrer um pouco para elaborar essas associações, mas, com a prática, apenas lendo o texto, o cérebro vai estabelecer relações automáticas.

Esse é o motivo de algumas pessoas memorizarem tão bem determinada informação com uma leitura apenas, pois elas exercitam visualizações e associações que desenvolveram no inconsciente a capacidade de fazer isso automaticamente.

Chegará o momento em que você não vai precisar usar unidades de estudo, apenas de leitura, pois, ao ler, seu cérebro elaborará essas associações de forma automática.

É importante escolher os elementos dentro do contexto que está estudando. Qualquer questão elaborada terá que apresentar obrigatoriamente uma parte do conteúdo. Como você estabeleceu ligações dentro do conteúdo, a própria pergunta fará com que seu cérebro busque e apresente a resposta automaticamente, em um reflexo condicionado.

Agora inverta, cubra a coluna da esquerda e veja como, ao ler os tópicos, você se recordará automaticamente do resto:

...	hífen
...	ditongos e tritongos
...	Rogério
...	encontro
...	vogais idênticas
...	empregar
...	dramas

Uma das formas de estudar é elaborar essas listas de associações, que podem ter duas colunas, como no exemplo, ou até mesmo três ou quatro. Ao pensar em um dos itens, os outros aparecem automaticamente por causa do quadro da imagem que foi construída. É uma maneira menos cansativa e muito mais eficiente do que apenas repetir as informações.

Podemos usar essa técnica em qualquer assunto. Lembre-se que pode utilizar facilitadores para datas, números e nomes próprios. Esses facilitadores auxiliam na tarefa de criar imagens, como já explicado.

Mas quando for interpretar um texto apresentado em um exame, por exemplo, é bom ter alguns cuidados especiais:

- leia duas vezes o texto. A primeira para ter noção do assunto, a segunda para prestar atenção às partes importantes. Lembre-se de que cada parágrafo desenvolve uma ideia;
- durante a segunda leitura, sublinhe o que for mais significativo, a ideia principal de cada parágrafo. Também é possível fazer anotações à margem do texto;
- leia atentamente o comando da questão, para saber realmente o que se pede. Muitas vezes erramos por não entender o enunciado. Tenha atenção quando se pede a "alternativa falsa", "a única alternativa que difere", "alternativa que não está no texto" etc.;
- q uando o enunciado indicar uma linha ou uma expressão extraída do texto, volte e releia o parágrafo inteiro atentamente. Se necessário, releia mais de um parágrafo para tirar a ideia do contexto indicado.

Leia mais de uma vez cada alternativa a fim de eliminar as que forem absurdas.

A Lei de Jost

O psicólogo Jost estudou a rapidez da memorização de um texto em função do número de leituras feitas. Ele mostrou que, por exemplo, se um texto for lido seis vezes, ininterruptamente, fixa-se muito menos do que se as seis leituras forem feitas com dez minutos de intervalo.

Outros psicólogos, como Pierón, procuraram um intervalo ideal, que daria melhores resultados. Suas experiências provaram que conforme o que se tem de estudar, o intervalo entre as leituras deve variar de dez minutos a dezesseis horas. Abaixo de dez minutos a releitura é supérflua; acima de dezesseis horas, parte já terá sido esquecida.

É importante não se tomar isso à risca. Essa regra prova simplesmente que é interessante, quando se deseja memorizar com rapidez, retomar à noite, por exemplo, o estudo feito pela manhã.

Durante o seu estudo, separe um tempo para as revisões. Eu procuro fazer isso e revisar da seguinte forma: revejo o que estudei de uma a dezesseis horas depois. Também, no dia seguinte, depois na semana seguinte, no mês seguinte e depois de seis meses torno a revisar. Aumento o espaço porque a cada revisão a matéria é mais fixada, retendo-se por mais tempo.

O tempo de revisão nunca é um tempo perdido, mas a falta de revisão sim, porque leva ao esquecimento. Se deseja aprender algo, é importante revisar esse conteúdo. Para que essa revisão não seja demorada, faça-a com organização.

Se estiver aprendendo ao mesmo tempo Inglês, Contabilidade, Álgebra, Direito e Geografia, fracione o seu tempo de estudo em sessões bastante curtas: meia hora, por exemplo, para cada matéria, de forma a alternar a revisão e o estudo com rapidez o suficiente. Procure também ter intervalos durante os estudos. Por exemplo, pare por dez minutos após uma hora de estudo.

Em resumo, de acordo com a Lei de Jost é necessário fazer uma revisão de modo que a leitura precedente tenha ainda um traço claro, mas, por outro lado, tardia de modo que a revisão não represente um esforço supérfluo.

TABELAS DE CHAMADA

Vamos agora aprender o que é uma Tabela de Chamada. No método de associação simples, já explicado.

Criamos uma Tabela de Chamada quando memorizamos um determinado conjunto de elementos a ponto de respondermos a qualquer questão sobre eles, então associamos os tópicos ou palavras-chave do estudo com esses elementos.

Quando pensamos em um desses elementos, o que desejamos memorizar aparece associado ao item da tabela.

As Tabelas de Chamadas são cadernetas mentais utilizadas para revisar as matérias que já foram associadas umas com as outras. Eis um exemplo de **Tabela**:

Lápis

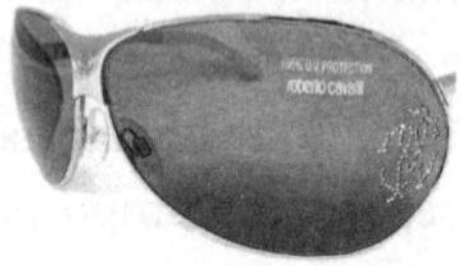
Óculos

Tridente

Cadeira

Luva

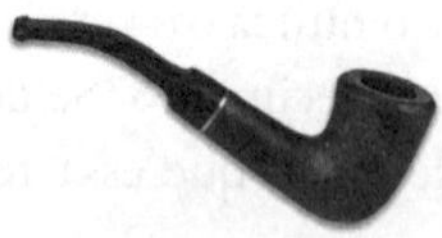
Cachimbo

Machado

Uvas

Tacos de golfe

Camisa 10

Essas imagens não foram escolhidas aleatoriamente, e sim porque cada uma sugere um número.

- **Lápis:** é o número um porque sua imagem lembra esse número.
- **Óculos:** é dois, porque possui duas lentes.
- **Tridente:** é três, porque possui três dentes.
- **Cadeira:** é quatro, porque possui quatro pés.
- **Luva:** é cinco, porque possui cinco dedos.
- **Cachimbo:** é seis, porque a imagem de um cachimbo lembra o número seis.
- **Machado:** é sete, porque um machado em pé lembra o número sete.
- **Uvas:** é oito, porque duas uvas lembram o número oito.
- **Taco:** de golfe é nove, porque esse taco de pé lembra o número nove.
- **Camisa:** é dez, porque tem o número dez escrito nas costas.

Essa **Tabela** possui apenas dez elementos, mas podem ser feitas tabelas com mais de cem elementos. Para que o método seja eficiente é importante desenvolver um total domínio sobre a **Tabela**, associando cada elemento ao seu número.

Podemos até mesmo fazer exercícios como, por exemplo, realizar cálculos mentais, substituindo os números pelos elementos da **Tabela**:

Camisa	–	taco	=	lápis	(10 – 9 = 1)
Luva	+	luva	=	camisa	(5 + 5 = 10)
Uva	/	óculos	=	cadeira	(8 / 2 = 4)

Agora podemos experimentar memorizar os dez primeiros presidentes da República com essa **Tabela**, associando e criando imagens com cada presidente e o elemento da **Tabela**:

1. **Deodoro da Fonseca (1889-1891):** fonte seca – lápis.
2. **Floriano Peixoto (1891-1894):** flores peixe – óculos.
3. **Prudente de Morais (1894-1898):** dente orais – tridente.
4. **Campos Sales (1898-1902):** campos salas – cadeira.

5. **Rodrigues Alves (1902-1906):** roda alvo – luva.
6. **Afonso Pena (1906-1909):** afoga pena – cachimbo.
7. **Nilo Peçanha (1909-1910):** nilo acanha – machado.
8. **Hermes da Fonseca (1910-1914):** armas fonte seca – uvas.
9. **Venceslau Brás (1914-1918):** venceu Brasil – taco.
10. **Rodrigues Alves (não tomou posse):** roda alvo.
11. **Delfim Moreira (1918-1919):** deu fim amora – camisa 10.

Depois de feitas as associações, você poderá revisar chamando aleatoriamente pelos números:

Quem foi o quinto presidente? É só pensar em luva (cinco) e a imagem de roda e alvo virá automaticamente, a resposta então é Rodrigues Alves, e assim por diante.

A princípio, pode parecer trabalhoso, mas aos poucos o seu cérebro vai desenvolvendo a capacidade de memorizar sem usar a tabela.

Se quiser se lembrar das datas, pode fazer associações simples diretamente com o nome dos presidentes usando os facilitadores para números (relembramos a representação):

- **0** = s, z, ç, c (quando se pronuncia "ç"), ss
- **1** = t, d
- **2** = n, nh
- **3** = m
- **4** = r
- **5** = l, lh
- **6** = j, g (quando se pronuncia "j"), ch
- **7** = q, c (quando se pronuncia "k"), g (com pronúncia "gue"), gu, k
- **8** = f, v
- **9** = p, b

1. **Deodoro da Fonseca (1889-1891):** fonte seca – fubá(89)/pato(91).
2. **Floriano Peixoto (1891-1894):** flores peixe – pato(91)/pera ou barro(94).
3. **Prudente de Morais (1894-1898):** dente orais – barro(94)/ bife(98).
4. **Campos Sales (1898-1902):** campos salas – bife(98)/sonho(02).

5. Rodrigues Alves (1902-1906): roda alvo – sonho(02)/soja(06).
6. Afonso Pena (1906-1909): afoga pena – soja(06)/sopa(09).
7. Nilo Peçanha (1909-1910): nilo acanha – sopa(09)/doce(10).
8. Hermes da Fonseca (1910-1914): armas fonte seca – doce(10)/terra(14).
9. Venceslau Brás (1914-1918): venceu Brasil – terra(14)/TV(18).
10. Rodrigues Alves (não tomou posse): roda alvo.
11. Delfim Moreira (1918-1919): deu fim amora – TV(18)/tábua(19).

As Tabelas de Chamadas são muito úteis para se fazer as revisões. É importante destacar que quanto mais eficientes forem as associações simples, melhor será o resultado das revisões. Lembre-se da lei de Jost: fazemos uma leitura preliminar em unidades de leitura procurando entender e tirar as dúvidas, então classificamos o material a ser estudado. Realize essa tarefa utilizando unidades de tempo específicas para fazer essas classificações, elaborando tópicos de estudo e palavras-chave se esses tópicos forem abstratos, de difícil visualização, é muito bom usar os facilitadores para auxiliar o trabalho de criar imagens.

Realizamos então o trabalho de assimilação em unidades de tempo nas quais procuramos fazer uma tarefa de cada vez. Para isso, criamos imagens em listas de assimilação, realizando as associações simples. Quando acumulamos uma quantidade grande de matéria assimilada, fazemos as revisões mentais, associando o estudo às Tabelas de Chamada.

Uma **Tabela** simples e muito usada é a que formamos usando as rimas da palavra com um número.

um	⟶	atum
dois	⟶	arroz
três	⟶	japonês
quatro	⟶	prato
cinco	⟶	cinto
seis	⟶	freguês
sete	⟶	canivete
oito	⟶	biscoito
nove	⟶	automóvel
dez	⟶	pastéis

As Tabelas de Chamadas são úteis para fazermos revisões mentais. Durante as associações simples, ainda consultamos nossas anotações e listas cobrindo as colunas para estimularmos as recordações. Também ficamos dependentes da ordem em que a lista foi feita.

Nas Tabelas de Chamadas para revisões não há necessidade de consulta, porque usamos os números e seus elementos da tabela para buscarmos a matéria estudada. Isso é muito importante para o cérebro desenvolver total independência do material estudado.

Você também pode realizar revisões fora da ordem do estudo, fazendo, por exemplo, as chamadas de trás para frente, apenas dos números pares e assim por diante.

Não é necessário uma tabela com mais de dez elementos para fazer as revisões, mas algumas pessoas usam tabelas com cem ou mais elementos.

Usar a mesma tabela em assuntos diferentes não oferece problema. Essa é uma preocupação que sempre temos no começo, mas com a experiência você perceberá que, se tomar o cuidado de compor listas de revisão sem misturar matérias, esse problema não ocorre. Nas Tabelas de Chamada para revisão, elabore listas do mesmo assunto, não faça uma relação com dois tópicos de Língua Portuguesa misturados com Direito Constitucional, por exemplo.

O mesmo deve ser feito durante as unidades tempo: estude uma matéria de cada vez.

O MÉTODO DOS LOCAIS

Escolha um cômodo de sua casa que conheça perfeitamente, como seu quarto.

Atribua um número de ordem a cada uma das partes seguintes:

- **1:** a porta pela qual entra.
- **2:** a parede situada à esquerda, ao entrar.
- **3:** o canto localizado entre a parede esquerda e a parede da frente.
- **4:** a parede da frente.
- **5:** a janela.
- **6:** o canto situado entre a parede da frente e a da direita.
- **7:** a parede da direita.
- **8:** o canto seguinte.

- **9:** o assoalho.
- **10:** o teto.

Para fixar uma lista de objetos em ordem, você deve associar cada palavra com um local do cômodo. Esse processo é extremamente simples e a experiência mostra que você fixará sem dificuldade os elementos associados. Para reter cem nomes, escolha dez cômodos ou locais que conheça bem e que referenciará e adaptará para cada dezena.

Por exemplo:

- **1 a 10:** o seu quarto.
- **11 a 20:** a sala de jantar.
- **21 a 30:** a cozinha.
- **31 a 40:** o banheiro.
- **41 a 50:** a varanda.
- **51 a 60:** o escritório (e assim por diante...).

Sendo cada divisão classificada da forma indicada, você poderá executar associações com mais facilidade porque já estará bem familiarizado com os locais. Na prática, o sistema de locais permite memorizar até listas rapidamente.

Se desejar atingir o virtuosismo na utilização de sua memória, o método dos locais vai ajudá-lo bastante. Graças a esse método, você poderá fixar instantaneamente cem números de dois ou quatro algarismos e fixar em ordem a matéria que esteja estudando e que você já classificou em tópicos e palavras-chave.

De qualquer modo, é interessante constituir três ou 60 locais – o ideal é cem – e aprendê-los gradualmente. Esse método de revisão permite resultados rápidos e compensatórios.

Antes de associar a sua tabela de locais, faça associações simples, pois essas tabelas são eficientes para a revisão de matérias que já foram associadas. As Tabelas de Chamada, também denominadas tabelas de revisão, são formadores de **mapas mentais**.

Os mapas mentais são diagramas que conecta palavras e ideias a uma ideia central. É usado para visualizar, classificar, estruturar e gerar ideias, além de servir de apoio ao estudo, à solução de problemas e à tomada de decisão.

Ele é similar a uma rede semântica ou mapa cognitivo, mas não há restrições formais nos tipos de conexões usadas. Normalmente, o mapa envolve imagens, palavras e linhas. Os elementos são ordenados de forma intuitiva, de acordo com a importância dos conceitos, os quais são organizados em agrupamentos, ramificações ou áreas.

Na classificação do que será estudado, é fundamental a ordem do estudo para que o mapa se forme de maneira eficiente para o processo de memorização.

1. Sempre estude primeiro os tópicos mais gerais e abrangentes.
2. Comece sempre pela ideia central, com uma imagem do tópico.
3. Use imagens, símbolos, códigos e dimensões.
4. Escolha palavras-chave e destaque-as usando letras maiúsculas.
5. Cada palavra/imagem (ou frase curta) deve estar só, em sua própria linha.
6. As linhas devem ser conectadas, partindo da imagem central.
7. Elabore quadros sinópticos dos elementos que estão sendo memorizados.
8. Faça cartões com cada grupo de informação para futuras revisões.

Você associará, então, NOME e RAMO à palavra TIA (n. 1 da Tabela de Chamada). Por exemplo: "Meu NOME está escrito num RAMO e a minha TIA tenta descobri-lo a todo custo".

Em relação ao número seguinte, proceda da mesma forma:

1. **2343:** NOME e RAMO
2. **7581:** COLA e FOTO
3. **6217:** CHINA e TOUCA
4. **2141:** NATA e RODA
5. **3628:** MAGIA e NOIVA
6. **8710:** VACA e TAÇA
7. **4413:** RIR e TIME
8. **7115:** QUATI e TELA
9. **8334:** FOME e MURO
10. **2737:** NUCA e MACA

Desse modo, você fixa facilmente dez números e os cita aleatoriamente. Uma vez que você tiver domínio sobre a Tabela, tudo será possível. Você precisa visualizar as associações ou conexões rapidamente. O receio de formular uma associação lógica inibe o principiante e o faz perder tempo. O bom é imaginar coisas absurdas.

Para evitar enganos sobre a ordem dos algarismos, torna-se vantajoso proceder sempre na mesma ordem, ou seja, da esquerda para a direita, de cima para baixo, do centro para o exterior.

Assim, no nosso exemplo, primeiro é preciso colocar o NOME no RAMO e depois a TIA procurando. Dessa maneira, no momento da reconstituição, não enfrentamos o risco de traduzir RAMO, NOME em vez de NOME, RAMO.

Com um pouco de prática você poderá formar uma palavra para o número, como 2343 – NAMORAM, e 7581 – QUE LAVADA, por exemplo. Experimente! No começo parece difícil e trabalhoso, mas lembre-se de que você estará provocando conexões mentais, e que desenvolvem a sua inteligência. Seu cérebro se desenvolve com exercícios, e, durante o estudo, todo tipo de exercício que a mente desenvolve é útil.

A "VOLTA" DOS 50 NOMES

Você pode agora realizar essa volta perante seus amigos e familiares. Ela é praticada nos palcos por artistas que não tinham nem mais nem menos memória que você. Basta conhecer corretamente a Tabela de Chamada.

Solicite a um dos espectadores que anote em uma folha as palavras que foram citadas pelos outros, com o cuidado de atribuir um número de ordem a cada palavra.

Depois, cada espectador fornece uma palavra. Suponhamos que as primeiras palavras citadas sejam:

1. livro / **2.** telefone / **3.** tecido / **4.** papel / **5.** roda / **6.** lâmpada

À medida que dá um nome, você estabelece uma associação com a Tabela de Chamada. Lembre-se de exagerar no tamanho e proporção, fazendo com que a imagem da associação seja absurda. Utilize as alavancas, pois isso facilita a memorização.

Exemplo:

1. A minha tia dentro de um livro.
2. Você atende o telefone com unhas enormes.
3. O tecido das roupas de sua mãe é pesado.
4. O relógio (horas) tinha uma capa de papel.
5. Um alho atravessou uma roda de fogo.
6. O chá parecia faiscar quando iluminado pela lâmpada.

Essas associações foram feitas ao acaso em poucos segundos.

Quando chegar ao número 50, você poderá em seguida e sem dificuldade, recitar os 50 nomes, recorrendo, na ordem, à sua Tabela de Chamada:

- **Tia vai lembrar:** livro.
- **Unha vai lembrar:** telefone.

Mas há algo mais importante em seu êxito, algo que vai surpreender ainda mais os seus espectadores. Suponha que um espectador pergunte uma palavra aleatória, como a 24ª ou a 33ª, por exemplo. Na sua Tabela de Chamada, 24 é Nero, e através dessa palavra você rapidamente encontrará a palavra associada a Nero e assim por diante.

Comece praticando aos poucos, com dez palavras e depois com 20. Se tiver domínio da relação de palavras da Tabela, não terá problemas. Você pode colocar uma lista de palavras-chave e tópicos e relacionar com a Tabela de Chamada para fazer revisões mentais.

Apresento a seguir uma relação de mais 80 sugestões de palavras para sua Tabela de Chamada fonética de revisões:

21. NATA
22. NENÊ
23. NEMO
24. NERO
25. ANEL
26. ANJO
27. NHOQUE
28. NOIVA
29. NABO
30. MISSA
31. MOTO
32. MINA
33. MAMÃO
34. MURO
35. MOLA
36. MACA
37. MAGIA
38. MOFO
39. MAPA
40. ROSA
41. RATO
42. URINA
43. RAMO
44. RIR
45. ROLO
46. ROCHA
47. RICO
48. RIFA
49. ROUPA
50. LAÇO
51. LATA

52. LONA
53. LIMÃO
54. LÍRIO
55. LULA
56. LOJA
57. LOUCO
58. LUVA
59. LUPA
60. GESSO
61. JATO
62. CHINA
63. GEMA
64. JARRO
65. JAULA
66. CHUCHU
67. CHEQUE
68. CHUVA
69. JUBA
70. CASA
71. COTA
72. CANA
73. CAMA
74. CARRO
75. QUILO
76. QUEIJO
77. COCO
78. CAFÉ
79. COPO
80. VASO
81. FITA
82. VINHO
83. FUMO
84. VARA
85. VALA
86. FICHA

87. FACA
88. FAVO
89. FIAPO
90. POÇO
91. PEITO
92. PANO
93. PUMA
94. PERA
95. BALA
96. BEIJO
97. PICO
98. POVO
99. PIPA
100. TAÇAS

Para fixar instantaneamente uma série de números de dois algarismos é preciso ter domínio da Tabela de Chamada. Suponhamos que você deseja fixar uma série de números começando por 7 – 12 – 16 – 53. Estes números correspondem às palavras: CÃO, TINA, TACHO e LIMA.

Você tem agora que optar entre dois métodos: associar essas palavras em cadeia, pelo método de associação de imagens, ou associá-las com a própria Tabela de Chamada, na ordem numérica.

Fixação de impressões

Vamos ver agora como fixamos as lembranças corretamente.

Tenha intenção e preste atenção. A primeira condição para fixar bem as impressões é o querer. Para isso, é necessário ter um interesse verdadeiro pela informação que pretendemos nos lembrar. Sentiremos sempre grande dificuldade em fixar a atenção sobre uma coisa que não nos interessa. Para reter qualquer dado, é necessário querer isso realmente.

Para dispor de uma boa memória é indispensável fixar convenientemente a atenção, treinando para não deixar o espírito se distrair. É o que nós consideramos "concentração". Como já foi dito, para fixar bem as impressões, é necessário saber concentrar-se.

Se você quiser marcar uma peça de metal com uma punção, quanto mais forte der a pancada, mais profunda será a marca. O mesmo acontece com a memória. Quanto mais forte e intensa for a impressão, melhor será a fixação da imagem.

Se você vir um avião em chamas despedaçar-se no solo, ou uma pessoa afogar-se, sem que possa lhe prestar socorro, jamais esquecerá. Por isso, é necessário tentar associar as noções de que não queremos nos esquecer de imagens fortes.

Para facilitar a recordação ou lembrança, crie imagens fortes. Elas devem estar associadas a elementos que você esteja familiarizado, de forma que possa organizar as novas informações com recursos mnemônicos em conjuntos de elementos conhecidos (mapas mentais). Com isso, será formado um arquivo em seu cérebro.

Finalmente, um bom planejamento o permitirá realizar revisões muito proveitosas. Após uma primeira impressão é importante classificar a matéria que será assimilada por meio de associações ou revisões.

Capítulo 6

Leitura Dinâmica

Leitura Dinâmica funciona? Eu vou entender e assimilar o que estou lendo?

Essa é a pergunta que mais ouço nos meus cursos e palestras – a resposta é sim! Leitura Dinâmica funciona e você assimilará o mesmo conteúdo e até mais.

O leitor silábico aprendeu na escola a soletrar sílabas (falar), compor palavras (ouvi-las) e, finalmente, reconhecer as ideias. Esse processo é lento e trabalhoso para o cérebro. O texto transmite ideias, não sílabas. Técnicas de Leitura vão ensiná-lo a reconhecer as ideias (pelo campo visual).

Leitura Dinâmica não é apenas ler rápido; em vez de ler palavra por palavra, você lerá ideia por ideia.

São diversos os métodos que podem desenvolver essa habilidade e elas exigem treino. Essa técnica lhe permitirá um ganho de tempo, importante para ser aplicado em Técnicas de Memorização.

Uma das primeiras referências que encontramos sobre a Leitura Dinâmica é do final do século XIX, na França: o pesquisador e diretor do Laboratório de Oftalmologia da Sorbonne, Émile Javal (1839-1907), teve complicações oculares e ficaria cego.

Diante dessa realidade, ele pesquisou os mecanismos oculares da leitura. Em sua principal obra: *Physiologie de la Lecture et le L'Escriture*, concluiu que a abertura ocular humana permite identificar várias palavras por ponto de fixação. E, naturalmente, começou a treinar a sua mente para quebrar esse modelo de percepção visual escrita. Para isso, fez uso de um engenhoso cartão de leitura.

Outra que ficou famosa foi a professora americana Evelyn Wood (1927-1979). Ela percebeu que havia leitores mais rápidos e começou a investigar a maneira como tais leitores captavam as ideias através da leitura. E, em torno de 1955, elaborou um método próprio. Com bases científicas, criou uma estratégia que provocou uma melhora entre cinco a oito vezes na leitura. E, em 1959, Wood fundou em Washington o primeiro Instituto Americano de Leitura Dinâmica.

Posteriormente, foram criados outros métodos, inclusive usando o metrônomo, que é um aparelho utilizado na música para desenvolver ritmo e harmonia.

A Leitura Dinâmica tem como objetivo treinar a mente para identificar ideias, já que um texto descreve raciocínios, ideias, e não sílabas. A mente humana processa milhares de informações por segundo, mas o leitor silábico envia, em média, apenas 150 palavras por minuto para o seu cérebro.

Fixado nas palavras, o leitor é obrigado a ler na velocidade em que fala. Como a leitura silábica ou vocalizada deixa a mente ociosa, isso permite a dispersão. As Técnicas de Leitura Dinâmica visam treinar a captação de ideias, elevar a qualidade da assimilação e, ainda, desenvolver maiores velocidades.

Quanto mais alguém necessita absorver conteúdo por meio dos textos, mais interesse tem em aprender com qualidade e, em menor tempo.

Ler aplicando Técnicas de Leitura Dinâmica é ler ideias. A velocidade com que se leem as ideias de um romance é maior que aquela usada para ler um texto técnico, por exemplo.

A Leitura Dinâmica é um conjunto de técnicas que alteram o padrão de leitura, visando eliminar a pronúncia verbal ou mental. Os principais objetivos da Leitura Dinâmica são: proporcionar uma leitura rápida, melhorar a compreensão e aumentar a capacidade de retenção de textos. É necessário aprender as técnicas, ter disciplina, treinar com os exercícios e largar os vícios de leitura.

A velocidade e a compreensão serão maiores ou menores, de acordo com o seu conhecimento preliminar da área que é abordada, do quanto domina o vocabulário e do seu interesse no texto lido.

Quanto mais cedo começarmos o desenvolvimento, melhor. Não há limite de idade, uma vez que hoje sabemos que a mente é flexível e passível de treinamento e aquisição de habilidades em qualquer momento da vida, servindo também para ativar conexões mentais e melhorar a qualidade do pensamento nos idosos.

Para desenvolver essa técnica com compreensão e velocidade, é preciso treinar, em média, dois a quatro meses, durante, pelo menos, meia hora por dia. Você pode se desenvolver gradativamente, tirando proveito dessa técnica, que também lhe será útil durante seus estudos e na vida profissional.

Visto que não requer inteligência especial ou um talento específico, a habilidade da Leitura Dinâmica é possível a todo e qualquer estudante consciente da importância da qualidade da leitura durante a sua preparação.

A Leitura Dinâmica, ou o desenvolvimento de velocidade na leitura, não pode comprometer a compreensão. Assim, se desenvolvermos essa habilidade da forma correta, você vai ler mais rápido, terá maior concentração, compreenderá e memorizará muito mais conteúdo. Não arrume desculpas; da mesma maneira que encontramos pessoas que afirmam que a Leitura Dinâmica não funciona, também encontraremos testemunhos de que essa habilidade transformou vidas.

Marque em um relógio apenas 30 segundos e, durante esse tempo, leia o próximo texto e marque em qual linha você estava no momento em que se passaram os 30 segundos, dessa forma poderemos avaliar a sua velocidade atual de leitura.

Faça uma marca, que pode ser um círculo em volta do número à esquerda. Não é necessário ler o texto completo, faça essa leitura em outra oportunidade. Agora, leia durante os 30 segundos e marque onde parou. Os números na coluna à esquerda da página representam a quantidade de palavras que você leu até aquele momento.

Vocalização

Somos ensinados desde a pré-escola a conferir sílaba por sílaba, até formar palavras inteiras. Esse tipo de leitura cria um processo mental no qual leitura e fala ficam ancoradas uma à outra, falar e ler passam a ser, para o cérebro, uma coisa só. É o que eu chamo de influência da **vocalização** na leitura. Para se livrar desse condicionamento, precisamos escolher o método mais adequado às nossas realidades. Um processo de desenvolvimento pode servir para uma pessoa e não funcionar para outra.

Algumas pessoas só conseguirão apreender junto com alguém que aplica o método com resultado. Outras conseguem até apreender sozinhas, mas o fazem da maneira errada e acabam comprometendo a compreensão e passam a afirmar que a Leitura Dinâmica funciona para uma coisa e não é boa para outra.

O ideal é apreender com o acompanhamento de alguém que conhece vários métodos e aplica a leitura em todas as coisas sem problemas de compreensão. Se fizermos errado, além de nos privarmos de uma habilidade fantástica, passaremos a ser críticos e atrapalharemos o progresso de outras pessoas.

A Leitura Dinâmica é uma habilidade maravilhosa que transformou minha vida e a de muitas pessoas. Gosto de ilustrar a magia de se ler rápido e a importância de eliminarmos a tensão provocada pela fala, ou seja, a Leitura Dinâmica é um processo mental: quanto mais mental, maior a eficiência.

Implantando ritmo e velocidade à leitura

O ritmo facilita as tarefas, além de aumentar a produtividade. Todas as atividades que realizamos precisam de ritmo. Por exemplo: andar, dançar, comer etc.

Na leitura com vocalização, lemos com o ritmo da fala. As pessoas podem ser identificadas pela cadência das palavras mesmo sem ouvir a voz, um especialista identifica uma pessoa pelo gráfico elaborado em razão do ritmo de cada palavra falada.

Para que uma leitura seja compreendida, ela deve ser feita com ritmo. Quando perdemos o ritmo, também perdemos a compreensão de um texto, ou seja, para aumentar nosso desempenho na leitura devemos mudar o ritmo da leitura.

Se a referência da leitura é a fala, isso significa que os olhos seguem o ritmo da fala para, ao observar o texto ritmadamente, possibilitar a compreensão.

Descreveremos o que você faz quando lê para compreendermos o princípio de que o ritmo é o que determina a compreensão na leitura.

Primeiro, você parou e focalizou o olhar em cada palavra, podemos chamar isso de **fixação**. Para que essa fixação seja possível num foco menor que o que você usa para observar normalmente as coisas, foi necessário fazer a **convergência visual**. Depois, você repetiu cada palavra que lia para poder ouvir e, com isso, entender. Essa repetição causou uma tensão muscular principalmente nas cordas vocais, provocando a **vocalização** e, só depois, você recebeu em **audição** o que leu e, assim, se estabeleceu a **compreensão**.

Acontece que, para cada palavra, e de uma palavra para outra, modifica-se o tamanho da convergência – ações feitas em ritmo constante. Esse ritmo está associado a fala.

Tudo aquilo que você vê, compreende ou reconhece, só é possível porque existe na sua memória tal informação armazenada.

O reconhecimento da figura de uma casa em uma foto acontece porque você identifica a fotografia como sendo da mesma coisa que, na sua mente, você já experimentou como sendo uma casa.

Na leitura, o significado das palavras está também alojado na sua mente, mas por que não reconhecemos a palavra da mesma forma que reconhecemos uma fotografia? Se a palavra escrita significa exatamente uma determinada experiência, deveríamos apenas nas primeiras vezes ter que fixar, convergir, vocalizar e ouvir para, depois, compreender. A partir de um dado momento, essa ação poderia se tornar automática da visão para a compreensão, o que, infelizmente, não acontece.

Ficamos presos ao ritmo, por ser igual ao da fala, e acabamos por determinar um bloqueio. Apenas mudando o ritmo, podemos alterar esse bloqueio.

Podemos provocar essa alteração diretamente, implantando um novo ritmo ao movimento dos olhos para a leitura. Ou indiretamente, implantando ritmo ao movimento das mãos e, posteriormente, associando o movimento das mãos aos olhos e, com isso, alterando o ponto de referência que, na leitura, era a fala para o movimento ritmado das mãos.

Diretamente nos olhos ou indiretamente nas mãos, isso só é possível com o auxílio do **metrônomo**.

Esse aparelho, que antigamente era difícil de encontrar e caro de ser adquirido, agora pode ser obtido até pela Internet. Em um site de busca, procure pela palavra metrônomo e poderá baixá-lo em seu computador. Sem ele, você não conseguirá fazer esse exercício.

Mas o que é, de fato, um metrônomo?

O metrônomo é um simples aparelho que reproduz um som em velocidade constante e ritmada, e que pode ser regulado. Ele possui um controle onde você escolhe a velocidade.

Por exemplo, 40, 60, 80 ou mais batidas por minuto. Na maioria dos metrônomos, o início é 40 e a última velocidade é 208 batidas por minuto.

Também podemos adquirir um metrônomo em uma loja de instrumentos musicais. Alguns são importados, movidos a corda e parecem uma pirâmide com uma haste móvel (**1**). Outros são eletrônicos, à bateria ou à pilha (**2**):

(1)

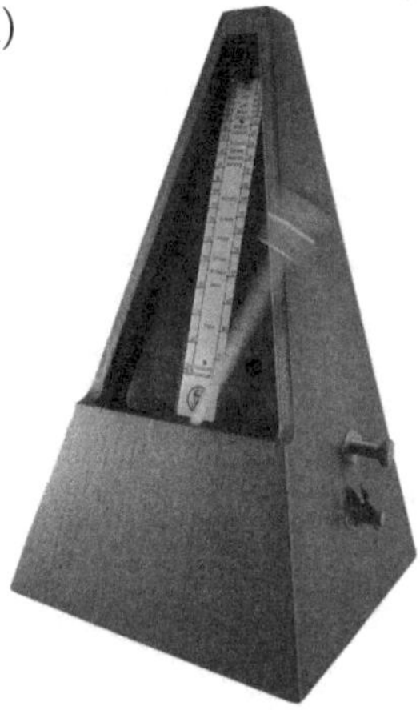

(2)

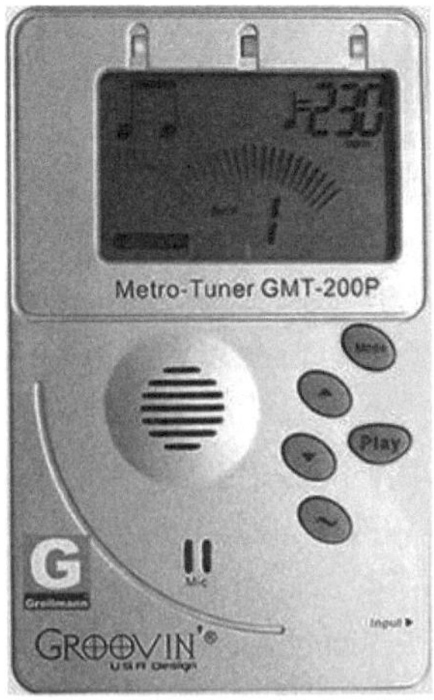

Esses instrumentos são usados nas aulas de música, para imprimir ritmo e, consequentemente, desenvolver harmonia.

Inicialmente, aprenderemos a trabalhar diretamente com os olhos.

O TEMPO DO DESENVOLVIMENTO

8 Levei minha moto para ser consertada em uma
16 pequena oficina no centro de Genebra. O mecânico
27 abriu uma agenda (como as de médico) e me instruiu para
40 que, em oito dias, voltasse com a moto às 2h e que fosse
49 buscá-la às 3h15min. E assim foi. Ainda naquela região,
57 procurei um carpinteiro. Sem olhar a agenda, ele
66 foi logo dizendo que estava ocupado pelos próximos três
75 meses. Contudo, havia uma chance no fim de semana
84 seguinte. Se chovesse, nada feito, não se abre telhado
94 com chuva. Se fizesse sol, ele ia escalar um pico
103 próximo. Mas, se o tempo estivesse nublado, aí talvez
113 fosse possível. As cartas estavam na mesa, com toda a
114 sinceridade.
122 Um professor chinês em Yale, segurando a xícara
131 de café, ficava olhando o ponteiro de segundos do

141 relógio da sala de aula. Quando marcava 8h em ponto,
144 começava a aula.
152 Nos Estados Unidos, é prática corrente lojas e
161 oficinas darem um prazo máximo para a entrega dos
169 serviços. Em geral, terminam antes. Mas o cliente
176 planeja sua vida para o prazo máximo.
183 Aqui em Pindorama, vivemos numa sociedade que
195 mescla o melhor e o pior do respeito pelo tempo. Eu tinha
204 um amigo radicado nos Estados Unidos. Na época em
213 que morou no Rio, ele costumava marcar com seus
221 colegas de tênis partidas para o dia seguinte.
228 Não apareciam ou chegavam atrasados. Voltando a
237 Washington, passou a marcar partidas com mais de três
244 meses de antecedência. Na hora aprazada, estavam
246 todos lá.
253 Na Esplanada dos Ministérios, em Brasília, a
260 conferência marcada para as 10h começará em
265 horas diferentes, dependendo do ministério.
273 No Itamaraty, começa na hora. Na área econômica,
281 cabem alguns minutos de tolerância. Na área social,
291 estão todos muito ocupados, e meia hora de atraso não
299 é incomum. Curioso, os ministérios mais eficazes são
307 aqueles em que as reuniões começam na hora.
314 Quem marca com o consertador do computador,
325 da televisão, da pia ou da máquina de lavar, terá uma
336 surpresa se a criatura vier – e mais ainda se chegar na
344 hora marcada. Já nas empresas modernas, a chance
351 de andar no horário é bem maior.
360 Tais exemplos dizem o que todos já sabem, pelo
370 menos na teoria: tempo é dinheiro. A riqueza é resultante
380 do trabalho. O trabalho é a aplicação do tempo em
388 atividades produtivas. Quanto mais tempo se perde por
394 desorganização ou esperando pelos outros, menos
403 tempo se utiliza produzindo e menos riqueza é gerada.
409 E isso sem ganhar em lazer.

417 O respeito pelo tempo dos outros aumenta a
426 produtividade social, pois o tempo de todos não é
433 desperdiçado pelas esperas. Aliás, fazer com antecedência
441 é mais rápido e mais barato. Planejamento é
449 isso. O tempo do desenvolvimento é o aprendizado
461 social de estruturar o tempo de cada um e cada um não
466 atrapalhar o tempo dos outros.

CASTRO, Claudio de Moura, "O tempo de desenvolvimento" *Revista Veja,* 24 mar. 2004 (adaptado).

Durante a leitura do texto "O tempo do desenvolvimento", quando o seu relógio marcou 30 segundos em qual linha você estava?

Vamos trabalhar com o número que se encontra no início da linha, que representa o número de palavras lidas. Para facilitar, marcamos apenas 30 segundos, mas você poderia ler durante um minuto. A medida para avaliar o nosso desempenho é o número de palavras lidas ou Processadas Por Minuto (PPM).

PPM – PALAVRA PROCESSADA POR MINUTO

Consideramos a palavra como um signo de comunicação, ela é um código; o idioma, a gramática portuguesa. A palavra é um sistema representativo de algo que não está presente. Esse elemento é apresentado pelo autor da mensagem. Quem recebe deve compreender, interpretar e, quando necessário, memorizar e assimilar a mensagem.

Existem maneiras diferentes de interpretar essa mensagem, no nosso caso, ela está escrita. Mas existem os deficientes visuais que necessitam de outro facilitador; por causa de sua limitação visual, conseguem ler com as mãos – a linguagem, quando representada em braile, é traduzida com o tato e não com a visão. Podemos medir o PPM de um deficiente visual a partir da quantidade de palavras representadas que ele consegue interpretar por minuto.

Para contar o número de palavras lidas, eu utilizo o mesmo critério do computador, uma palavra é uma ou várias letras separadas por um espaço.

Se estiver separada apenas por um traço, a não ser que esteja em linhas diferentes, eu também considero como uma palavra.

Para conseguirmos processar uma palavra, ao concatenar diversas palavras para formar uma ideia, nós realizamos um processo complexo.

Podemos acelerar muito esse processo eliminando o ouvir e o vocalizar. Vamos começar a ler observando e interpretando, diretamente, a imagem da palavra no cérebro.

Vamos aproveitar a leitura que você realizou no texto; anote o seu resultado obtido no teste:

Teste de leitura: __________ PPM.

Se você leu durante 30 segundos, deve multiplicar o valor expresso no início da linha do texto por dois. Se você leu durante um minuto é só anotar o valor direto.

Se o assunto lhe interessa, mantendo-o concentrado, e se conhecemos as palavras contidas no texto, nós teremos uma boa compreensão independente da velocidade de leitura.

A grande maioria das pessoas, durante os meus cursos, atinge em média, nesse teste de avaliação de desempenho, a marca de 70 palavras durante os 30 segundos. Multiplicando esse resultado por dois, para estabelecermos a quantidade de palavras lidas durante um minuto, nós chegaremos a 150 PPM.

Se analisarmos a maneira com a qual leu o texto, podemos afirmar que, para que houvesse compreensão, em primeiro lugar, houve a observação, a parte visual, seguida da articulação vocal (a vocalização).

Essa vocalização, mesmo em silêncio, representa uma ação física. Ouvimos mentalmente como se estivéssemos falando, mesmo sem proferir a palavra e somente depois dessas três ações é que obtemos a compreensão do texto:

Visualização ⟶ Vocalização ⟶ Audição ⟶ Compreensão.

A maioria das pessoas lê na mesma velocidade, ou apenas um pouco mais rápido do que fala.

Imagine poder multiplicar isso por dez, é a nossa proposta para aumentar a sua velocidade e assimilação na leitura. Isso vai exigir concentração, dedicação e repetição. Um trabalho difícil, mas não impossível e que, no final, é muito compensador.

SUPERANDO BARREIRAS

Na leitura atual – a **vocalizada** – realizamos várias ações simultaneamente. Algumas são necessárias durante o processo de alfabetização, mas elas deveriam ter sido abandonadas com o tempo. Quem aprendeu a andar de bicicleta começando com rodinhas paralelas para dar maior equilíbrio não necessita delas para sempre.

Novamente, as características da leitura vocalizada:

- **Tradução com audição**: visualização das palavras, transformação dessa visualização no som da palavra falada e, finalmente, compreensão dessa audição.
- **Fixação visual na palavra:** os olhos precisam parar e focalizar cada palavra.
- **Convergência visual:** os olhos "viram-se para dentro" para focalizar cada palavra, produzindo estreita área de visão da imagem. É como se fôssemos alternando a cada palavra observada um estado de visão normal e estrábica. Essa ação acaba desgastando muito a nossa visão, o que me permite afirmar que ao eliminarmos a convergência visual com as técnicas de Leitura Dinâmica, teremos menos chances de adquirir algum problema na vista.
- **Regressão:** pular de volta com os olhos e reler as palavras, em uma média de 11 vezes a cada cem palavras. Já parou para pensar o quanto repetimos a leitura de um parágrafo e o quanto isso nos atrasa?
- **Tensão:** o cansaço, associado à leitura, torna-se mais pronunciado na concentração e na tentativa de compreensão. Na maioria das vezes, lemos com os músculos tensos, a boca e os dentes fechados e até com a testa enrugada. O relaxamento por si só melhora o nosso desempenho.

Essas são as principais características da leitura tradicional: vocalização, visão das sílabas e das palavras num foco visual restrito, audição mental da palavra observada, convergência visual ao observarmos as palavras, compreensão auditiva e tensão muscular durante a leitura.

Ler repetidas vezes o mesmo texto não deixa de ser uma forma de estudar, mas posso dizer que ler material diferente, de autores diferentes, mas sobre o mesmo assunto, proporcionará melhores resultados no estudo do que ficar lendo o mesmo livro várias vezes.

Mesmo assim, ainda acredito que a técnica de memorização aplicada em um vasto material lido, só será bem-sucedida com uma técnica de leitura rápida, é a melhor e mais eficiente maneira de adquirir conhecimento.

Leitura Dinâmica somada a algumas técnicas de memorização é uma parceria perfeita para obtenção de resultados.

Cada livro, dependendo do tipo de diagramação, tem um número diferente de páginas e de palavras escritas em cada linha ou cada página.

Para exemplificar, tomemos um livro com uma média de 300 palavras por página e um total de 270 páginas bem aproveitadas.

A leitura numa velocidade de 150 PPM possibilita ler uma página em cada dois minutos, e o livro do exemplo em 540 minutos, ou nove horas.

O grande problema é a falta de interesse, concentração, planejamento e até mesmo disciplina para, realmente, chegarmos a ler esse livro nesse tempo. Devido às articulações que somos obrigados a fazer, a leitura se torna cansativa. Temos um alto índice de retornos, releituras, e adiamos demais a leitura.

Até mesmo porque com a televisão, vídeos, aparelhos de som ou mesmo a Internet, acabamos nos dedicando a outras atividades que ainda atrapalham demais o nosso resultado. Assim, lemos mal e pouco.

Nós desenvolvemos velocidades diferentes dependendo do tipo de leitura que estivermos fazendo. Eu já cheguei a ler a página de um livro numa média de seis segundos, 3.000 PPM. Nosso desempenho pode variar, dependendo do conhecimento que temos do vocabulário.

As unidades de leitura de estudos

Você deve calcular o tempo que investirá apenas para fazer uma leitura preliminar. O cálculo será muito útil para podermos fazer um planejamento estratégico de sua preparação, já que, em média, você precisará utilizar cinco vezes o tempo necessário apenas para ler a matéria para poder memorizá-la e praticar solucionando questões em simulados.

Essa leitura preliminar também é muito importante porque com ela o cérebro abre um arquivo para que haja uma memorização eficiente.

À medida em que você lê apenas empenhado em compreender e tirar as dúvidas, sua mente construirá uma ideia geral e abrangente de tudo o que deverá ser memorizado. Sua mente, com isso, poderá classificar em quais as partes do estudo você tem maior conhecimento e quais são as que exigirão maior empenho.

Memorizar, usando repetições – ou mesmo uma boa técnica de associação – sem ter lido todo o material que será estudado o deixará em grande desvantagem.

Essa leitura preliminar e todas as informações que você acumular lhe darão condições de construir um **mapa mental** e, depois, será possível fazer resumos e tabelas. Quando você estiver estudando, é importante compreender a importância da matéria e sua localização dentro do contexto geral.

Saber quanto tempo você demora apenas para ler o conteúdo da matéria fará com que seu planejamento de estudo seja mais eficaz.

Leitura preliminar e a formação de mapas mentais

A organização de todo o material que será utilizado é o começo de tudo. Para isso, é imprescindível reunir o material a fim de ler todo o conteúdo que temos à nossa disposição.

Planejando a leitura preliminar

Disciplina é a capacidade que temos de transformar nossa motivação em ações.

Experimente pegar um livro ou apostila qualquer. Escolha como modelo uma página, que não seja nem início nem fim de capítulo e sem ilustrações.

Cronometre o tempo que leva para ler essa página. A partir daí, fica fácil determinar quanto tempo demorará para ler o material completo. Verifique em qual página o livro começa (geralmente é na página 11) e subtraia esse número do número final de páginas da obra. Os capítulos também podem apresentar páginas em branco entre eles. Estabeleça quantas páginas escritas tem o total dessa obra.

Vamos tomar como exemplo uma apostila de 250 páginas com cerca de 30 capítulos e cujo texto começa na página 11. Subtraímos 11, depois 30 (porque constatamos que a apostila possui páginas em branco entre os capítulos) e, então, mais 15 (total de páginas em finais de capítulo que não são totalmente utilizadas). Poderemos reduzir, assim, umas 56 páginas das 250 totais. Não vamos descontar páginas com gráficos e ilustrações, afinal você terá que dedicar um tempo a essas partes. Podemos afirmar, então, que se você demorou 90 segundos para ler a página modelo, levará cerca de 17.460 segundos para ler as 194 páginas que consideramos úteis.

Eu simplesmente multipliquei o tempo que você demorou para ler uma página modelo por 194, que seria o total de páginas completas da apostila. Se dividirmos esse total por 60, teremos o tempo em minutos que você levaria para ler esse material. No exemplo dado, seriam 291 minutos. Para transformar em horas é só dividir por 60 de novo, o que resulta 4 horas e 51 minutos. Com esse cálculo, que considero muito simples, você pode planejar melhor o seu tempo.

Você talvez esteja frequentando uma universidade. Alguma vez alguém o ensinou uma conta tão útil para o planejamento da leitura? Quantos anos você passou na escola sem que tenham lhe ensinado isso?

Por que os professores do colégio nunca nos ensinaram a fazer essa conta? Saber realizar essa avaliação pode nos motivar a ler mais. Na maioria das vezes a ideia que fazemos do tempo para ler um livro é muito maior que o tempo realmente necessário.

Você pode calcular, por exemplo, quantos minutos precisa ler por dia para terminar um livro em uma semana.

Graças a essa lição pude formular objetivos de leitura semanais, pois sabia quanto tempo teria de investir em cada um deles. As metas são fundamentais em nossa vida, sem elas não evoluímos.

Agora pegue um rascunho e escreva: lerei essa apostila em 4 horas e 51 minutos. Faça isso com todo o seu material, anexando na capa a avaliação do desempenho obtido na leitura cronometrada de uma página modelo, multiplicado pelo total de páginas úteis do texto. Coloque um lembrete na capa de cada obra com o tempo que esse material necessita para ser lido. É muito importante juntar todo o material a ser estudado, pois isso facilitará o planejamento.

Somando todos os valores você terá uma ideia do tempo necessário para uma leitura preliminar de tudo o que você tem para estudar. Evidentemente, o tempo necessário para se estudar com resultado, mesmo usando uma boa técnica de memorização, será pelo menos cinco vezes maior que isso.

Se a escola não nos ensinou atividades básicas como o planejamento da leitura, também criou a ideia falsa de que ler é estudar. Ao lermos qualquer coisa, estamos recebendo informações que nos foram transportadas.

Isso mesmo: a informação nos é enviada por livros e textos escritos da mesma maneira que a voz é transportada pelas ondas de um telefone, rádio ou televisão. Podemos dizer, então, que uma pessoa ao receber uma informação nova pelo telefone está estudando ou recebendo uma mensagem?

Qualquer informação recebida pela primeira vez, e que por isso representa uma novidade, é uma mensagem que deve ser lida. Ao atender o telefone, ouvir um programa de rádio ou ler uma carta, recebe-se uma informação e uma leitura é feita. Ler é receber e compreender, e deixa de ser uma simples leitura – tornando-se estudo – quando acontece a repetição ou a associação.

Estudar é repetir e/ou associar uma informação. Se não há essa repetição ou associação, a informação é compreendida, mas a capacidade de reproduzi-la e passá-la adiante será muito limitada.

Para obtermos os melhores resultados é necessário separar estudo de leitura. Um dos maiores erros que cometemos durante a leitura é interrompê-la para fazer alguma anotação ou mesmo para descobrirmos o significado de uma palavra desconhecida.

O ideal é dedicarmos um tempo, que não pode ultrapassar uma hora, exclusivamente à leitura. Não a interrompa por nada! O tempo pode ser menor – eu já realizei leituras em períodos de cinco minutos.

Muitas vezes, estabelecemos um tempo máximo de uma hora, mas o texto é tão interessante que ficamos absorvidos e continuamos. Não há problema algum nisso, mas, para leituras relacionadas a estudo, nas quais temos grande quantidade de informações para assimilar, é importante estabelecer um tempo máximo. Afinal, uma hora de leitura, para quem possui a habilidade de ler rápido, pode representar um volume muito grande de informações a serem absorvidas.

A IMPORTÂNCIA DO CONHECIMENTO PRÉVIO

Quando assistimos a uma aula ou fazemos uma leitura qualquer, recebemos informações de vários tipos, tanto visuais como auditivas. Esses dados se transformam em estímulos para o cérebro e circulam pelo córtex cerebral antes de serem descartados.

Sempre que uma nova informação encontra um arquivo já formulado, um conhecimento prévio sobre o assunto, ela arruma um "gancho" para o seu armazenamento, fazendo com que seja lembrada facilmente no futuro. Quando isso não acontece, ela acaba se perdendo. A velha informação é uma referência para fixar o que aprendemos.

Podemos afirmar, então, que toda informação antiga é um mapa onde colocamos e localizamos as informações mais recentes. Quando associamos de forma consciente o que estamos aprendendo com uma informação antiga, em vez de deixar isso acontecer espontaneamente, o resultado é ainda melhor.

Se um estudante não aprende um conteúdo é porque não encontrou nenhuma referência nos arquivos já formulados para abrigar esse novo conceito.

O cérebro funciona em conjuntos cooperativos, que contribuem uns com os outros no momento de resgatar uma lembrança. Quanto mais elementos estiverem presentes nesses conjuntos, mais rápidas e eficientes serão suas lembranças.

Ao realizar uma leitura prévia de todo o conteúdo, o seu cérebro identifica tudo o que já foi associado e você percebe em quais pontos terá maiores problemas, como já dito. Como tudo isso já está coordenado pelos conjuntos de conexões mentais, será formado um mapa capaz de proporcionar mais eficiência na memorização.

É fundamental fazermos uma leitura prévia de tudo o que teremos que estudar exatamente para ativar esse processo do **mapa mental**.

Se ensinarmos nossos filhos a lerem textos, apostilas e livros que serão utilizados pelos professores, antes da aula a ser dada, eles formarão esse mapa mental e a aprendizagem será melhor.

Os professores que apresentam roteiros do que será dado num determinado período de aulas explicam de forma geral e resumida o seu projeto, e determinar metas de leituras prévias antes das aulas específicas dará um resultado surpreendente.

Agora você já sabe quanto tempo levará para realizar apenas uma leitura prévia que, na verdade, constituirá o seu mapa mental.

É dessa maneira que o cérebro trabalha, criando relações com uma ideia ou com um conceito antigo e formulando relações e associações das ideias novas, de forma que a informação antiga passa a ser o elemento central de onde você parte para localizar tudo aquilo que deseja lembrar.

Você deverá seguir o mesmo princípio em tudo o que for estudar, considerando que o centro do conhecimento é sempre a ideia mais abrangente.

Mas, antes de elaborar esses mapas ou roteiros de estudo, lembre-se que tudo começa dentro da sua cabeça e você apenas facilitará estudando de forma organizada e dedutiva, ou seja, memorizando primeiro os conceitos mais gerais.

O QUE É ESTUDAR DE MANEIRA DEDUTIVA?

A maioria das pessoas, ao começar a ler algo, já vai grifando e tentando memorizar o conteúdo. Muitas vezes inicia o estudo sobre um ponto específico sem ter a devida compreensão do capítulo em que esse ponto está inserido.

Não podemos, por exemplo, memorizar um determinado parágrafo do Código Comercial sem sabermos que esse Código está dividido em dois livros. Se perguntarem em qual dos livros está o determinado parágrafo estudado, o aluno pode se confundir e responder errado.

O cérebro memoriza dedutivamente, ou seja, grava os assuntos mais gerais primeiro e depois vai relacionando os detalhes a eles. É fundamental saber estudar dedutivamente, memorizar do geral para o particular, e não o contrário.

Considere, na sua agenda de planejamento, que para ler e estudar precisará de um tempo cinco vezes maior do que o necessário apenas para ler o conteúdo.

Ao adquirirmos todo o material, podemos antes de começar a leitura fazer uma pré-leitura. Ela tornará a sua leitura mais eficiente, dando-lhe condições de obter uma ideia geral do texto. Escolha uma das apostilas e verifique o título, o sumário, alguma possível informação sobre os autores e o prefácio. Folheie e se familiarize com o material. Questione se a avaliação de tempo está correta. Muitas vezes nesse momento acabamos corrigindo a avaliação prévia de tempo.

Algumas pessoas preferem fazer a avaliação de quanto tempo irão demorar para ler todo o conteúdo durante essa pré-leitura. Não vejo problema nisso. Porém, eu particularmente prefiro saber do tempo necessário antes mesmo de fazer uma pré-leitura.

Você pode ganhar um tempo enorme se durante a leitura preliminar for aplicada alguma técnica de Leitura Dinâmica.

Relaxamento e leitura

Antes de desenvolverem-se, as pessoas leem no mesmo ritmo ou cadência com que falam. Mesmo com a boca fechada, durante uma leitura silenciosa, a leitura mental continua sendo uma leitura em voz alta. Podemos afirmar que até o nosso pensamento é limitado pela fala. Assim, **ler mais rápido** significa **pensar mais rápido**.

O desenvolvimento de velocidade na leitura implica eliminar essa relação da leitura com a fala. O pensamento livre continua lendo e refletindo da mesma maneira, a sensação de quem está lendo ou pensando é a mesma de antes, apenas o desempenho é muito maior.

Uma das formas de reduzir a vocalização e melhorar nosso desempenho na leitura é com o relaxamento, como já dito. Quando estamos com os músculos do corpo mais relaxados e com maior concentração, o cérebro fica mais livre e lemos mais rápido.

Você já deve ter passado por essa experiência. Lembra daquela leitura interessante, que lhe envolveu tanto que pareceu muito mais rápido? E leu mesmo, porque o interesse e a concentração fizeram você relaxar espontaneamente, com isso reduzir a influência da fala e ler mais rápido.

Infelizmente, o que mais acontece é o inverso, ler por obrigação prejudica a concentração, deixa nosso corpo tenso e acabamos lendo mais devagar ainda.

A compreensão de um texto depende do domínio do vocabulário, ou seja, do conhecimento que temos do significado das palavras; esse conhecimento é o mesmo, lendo rápido ou devagar.

Ao ler mais depressa, leremos mais e, com isso, conheceremos o significado de muito mais palavras, desenvolvendo um maior vocabulário com consequente melhora da compreensão.

Sabendo que a sensação da leitura veloz é a mesma da leitura mais lenta, e que a compreensão de um texto depende do conhecimento do vocabulário e não da velocidade da leitura, ler mais rápido é adquirir maior vocabulário, uma vez que teremos condições de ler mais em menos tempo. Assim, **maior vocabulário** significa **maior compreensão**.

A memória, por sua vez, é um processo associativo, que fica comprometido pela falta de tempo, pois acabamos não conseguindo nem ler direito, imagine aplicar uma técnica de associação em um texto lido.

A maioria das pessoas estuda pressionada pela falta de tempo. Ler mais rápido significa ler em harmonia, com planejamento. O tempo, de inimigo, passa a ser o seu grande aliado. Além de ler e compreender o texto, ainda lhe sobrará mais tempo para fazer sínteses, mapas mentais, associações e revisões.

Você terá feito tudo isso e as outras pessoas que não aplicam essas técnicas sequer terão chegado à metade da leitura.

É por isso que posso lhe afirmar, sem dúvida, que você vai ler mais rápido, compreender e memorizar muito mais.

Desenvolvendo a Leitura Dinâmica, você abrirá várias oportunidades novas em sua vida.

A Leitura Dinâmica, além de proporcionar maior quantidade de conhecimento em menor tempo, também é um excelente exercício mental. Imagine-se lendo no mínimo um livro por semana: você terá lido 52 livros por ano.

A leitura diária mantém o cérebro mais ativo, melhorando a nossa capacidade de raciocínio e criando novas conexões mentais. Com a leitura diária evitamos muitas doenças comuns à velhice e ainda nos tornamos pessoas mais criativas.

Ler diariamente, além de fornecer conhecimento, desenvolve uma quantidade impressionante de habilidades. Podemos, até mesmo, afirmar que pessoas que leem diariamente são mais compreensivas, pacientes, otimistas e se sairão bem melhores ao enfrentar os mais variados desafios.

Está provado que a leitura diária aumenta a longevidade e previne doenças que afetam a memória, como o mal de Alzheimer.

Alguns cursos de Leitura Dinâmica funcionam de fato e podem ser uma boa saída para quem não tem muito tempo para ler. Seria maravilhoso se pudéssemos em um dia estudar a quantidade de matéria que outros demorariam muitos dias. Curiosamente, o Salmo 90:4, 12 nos faz pensar:

"Porque mil anos são aos teus olhos como o dia de ontem que passou..."

"Ensina-nos a contar nossos dias de tal maneira que alcancemos corações sábios."

Aplicar Leitura Dinâmica nos estudos é demonstração de sabedoria.

São vários os métodos para o desenvolvimento de velocidade na leitura. Mas não adianta ler rápido sem compreender o conteúdo do que está sendo lido.

Você pode pesquisar e descobrir várias maneiras de treinar. Nós lhe daremos neste livro algumas sugestões úteis.

Movimento visual ritmado

Faça um breve relaxamento. Durante cerca de cinco minutos, feche os olhos e, em uma respiração abdominal, lenta e profunda, procure relaxar todos os músculos de seu corpo, como já foi explicado. Aqui, isso deve ser feito sentado, com o quadril totalmente encostado no assento – para evitar curvas na coluna – e as pernas não podem estar cruzadas. Nunca leia com as pernas cruzadas, isso diminui o desempenho mental por reduzir a pressão sanguínea no cérebro.

Observe a postura correta. Para começar, escolha um texto qualquer, de preferência um assunto simples. Alguma matéria que você conheça, mas uma leitura nova, que você ainda não tenha feito.

Focalize o texto começando na segunda ou terceira palavra, não comece na primeira palavra, deve enxergá-la com a visão periférica. Utilize a sua mão direita para auxiliar e conduzir seus olhos. Mantendo o ritmo do metrônomo, a cada batida, seus olhos deverão estar no final da linha.

A cada batida os seus olhos e a mão direita (mesmo que você seja canhoto, esse procedimento deve ser feito com a mão direita, porque escrevemos da esquerda para a direita) devem estar no final da linha; volte pela mesma linha e baixe a vista quando tiver voltado.

Acompanhar com os olhos apenas em velocidade de 40 batidas é relativamente fácil. O problema é movimentar simultaneamente a mão direita.

Eu coloco o cotovelo sobre a mesa e deixo a página do livro um pouco virada para a esquerda. Então, movimentando apenas o pulso, acompanho o metrônomo, movimentando as mãos com as pontas dos dedos diretamente sobre a linha observada, mas sem tocar a página.

Aprendi com a prática que não devo me preocupar com os olhos e sim com a mão, não permitindo que ela saia do ritmo, ou seja, a cada batida a mão deve estar no final da linha em movimentos suaves e com o braço e o ombro totalmente relaxados.

Aprenda a movimentar a mão em ritmo, a princípio não conseguirá entender a leitura e o exercício passará a ser apenas desenvolver ritmo nas mãos, sendo que os olhos acabarão por segui-la em seguida.

Mantenha o metrônomo na marca das 40 batidas por minuto e realize esse exercício em algum texto.

Poderemos escolher qualquer texto para o exercício com o metrônomo. Mas para que você possa avaliar o desempenho é importante determinar quantas palavras em média possui cada linha do seu livro.

Para isso, basta contar quantas palavras há em cinco linhas inteiras e depois dividir o total por cinco, que é o número de linhas lidas, obtendo o número médio de palavras por linha.

É claro que se você contar palavras em maior número de linhas terá de dividir por esse número, porque o objetivo é tirar uma média. As linhas incompletas devem ser acumuladas para chegar ao total da página.

Você pode trabalhar com o metrônomo a 40 batidas por minuto.

Faça o exercício durante cinco minutos, avançando sem se preocupar com a compreensão.

Ao terminar os cinco minutos, volte ao início do texto e faça o exercício novamente, repetindo até conseguir, nessa velocidade, compreender o texto escolhido.

Será que você está compreendendo o texto nessa velocidade?

Agora que leu o texto, faça as perguntas facilitadoras:

- O quê?
- Quem?
- Qual?

- Onde?
- Quando?
- Quanto?
- Por quê?
- Como?

Lembre-se que a compreensão de um texto depende do conhecimento do vocabulário e não da velocidade.

O ritmo também é importante; se o mantemos, lemos a qualquer velocidade. Você entende com 160 batidas por minuto, porque minuto a minuto continua; no entanto, perderá a compreensão no momento em que alterar a velocidade. Ao elaborar essas questões, perceberemos que, apesar da compreensão, alguns textos são de mais difícil assimilação.

A questão do aproveitamento da leitura é muito séria. Enquanto estiver fazendo exercícios com o metrônomo, desejará compreender perfeitamente o texto. Mas lembre-se: alguns textos são de difícil compreensão e, mesmo lendo da forma antiga, vocalizando palavra por palavra, terá dificuldade de compreendê-los em uma primeira leitura.

Enquanto não aprender e dominar o novo ritmo, não espere compreender bem o texto.

A falta de compreensão é porque você ainda não desenvolveu o novo ritmo e não porque está lendo mais depressa.

O exercício com o metrônomo é o mais difícil de acompanhar, a maioria das pessoas não acredita no resultado e tem dificuldade de aumentar as velocidades, indo bem a 60 ou 80 e não passando disso.

Precisamos ter paciência e compreender a necessidade da prática repetida do exercício para obtenção dos resultados.

Nos textos apresentados, você deve repetir o exercício quantas vezes forem necessárias até conseguir ler o texto na velocidade proposta.

Assim como no livro que você escolheu, fique repetindo um determinado número de páginas até conseguir entendê-lo, também nessa velocidade.

Se estiver fazendo o exercício durante cinco ou dez minutos, chegue ao final mesmo que não esteja compreendendo. Depois, repita a operação e descobrirá que quando estiver com dificuldade a 60 batidas, ficará fácil ler a 40. Ler a 40 significa menos de um minuto por página, e isso já é uma velocidade surpreendente.

Procure virar as páginas apenas com a mão esquerda.

Toda vez que virar a página com a mesma mão do ritmo você perderá a compreensão, por ter perdido a harmonia.

Escolha textos simples para se exercitar com o metrônomo e só mude quando tiver desenvolvido a capacidade de movimentar a mão em ritmo.

Faça o exercício com uma página de cada vez. Repita o movimento da mão e o movimento visual ritmado, seguindo o ritmo do metrônomo, a 40 batidas, repetindo na página até que haja compreensão automática.

Na próxima página, faça o exercício a 60 batidas, repita até compreender a página, nem que para isso tenha que passar várias vezes por ela. Vá até 80 batidas e não se preocupe se, durante o exercício, não houver compreensão.

O objetivo do exercício é desenvolver ritmo.

A compreensão só é atingida quando algum texto for lido sem o metrônomo.

É importante destacar que cada exercício realizado com o metrônomo em livros de assuntos fáceis e de seu interesse não deve passar de 20 minutos de cada vez. Então, marque um minuto e faça uma avaliação de quantas linhas consegue ler para determinar a sua velocidade por minuto.

Eis os passos mais indicados para a realização do exercício de ritmo e velocidade:

1. Escolha um livro interessante que ainda não tenha lido.
2. Conte as palavras em cinco linhas e divida por cinco para estabelecer a média de palavras por linha.
3. Faça um breve relaxamento.

4. Observe a postura correta. Mantenha-se sentado com o quadril no encosto da cadeira para manter a coluna reta, sem cruzar as pernas e respire lenta e profundamente.
5. Procure, depois do relaxamento, virar as páginas utilizando apenas a mão esquerda.
6. Leia durante um minuto para avaliar quantas palavras você está processando durante esse período.
7. Ligue o metrônomo em 40 e faça o exercício com a mão, tentando acompanhar com os olhos. Em nenhum momento deixe de movimentar a mão no ritmo. O exercício serve para programar ritmo. Repita o exercício na página quantas vezes forem necessárias para, por repetição, entender o texto. Faça o exercício durante 20 minutos. Cinco minutos a 40 batidas, cinco minutos a 60 batidas, cinco minutos a 80 batidas e cinco minutos a 100 batidas.
8. Faça uma nova avaliação, lendo durante um minuto.
9. Faça um intervalo de pelo menos dez minutos e repita o exercício com o metrônomo. Se estiver entendendo a 40, comece a série de exercícios em 60 batidas. A série ficará em 60, 80, 100 e 120. Vá subindo 20 batidas de cada vez, o máximo são 160. Se achar difícil, faça séries de 40, 50, 60 e 72.

Há outra forma de trabalhar com o metrônomo – sugiro que a faça depois de ter certeza de que está conseguindo movimentar as mãos no ritmo certo: faça durante 14 minutos o exercício com a mão e os olhos, na seguinte sequência:

1. Faça um breve relaxamento.
2. Verifique quantas palavras está lendo com compreensão durante um minuto.
3. Regule o metrônomo fazendo um minuto nas seguintes velocidades:
   - **1º minuto:** 40 batidas.

- **2º minuto:** 60 batidas.
- **3º minuto:** 80 batidas.
- **4º minuto:** 100 batidas.
- **5º minuto:** 120 batidas.
- **6º minuto:** 140 batidas.
- **7º minuto:** 160 batidas.
- **8º minuto:** 140 batidas.
- **9º minuto:** 120 batidas.
- **10º minuto:** 100 batidas.
- **11º minuto:** 80 batidas.
- **12º minuto:** 60 batidas.
- **13º minuto:** 40 batidas.
- **14º minuto:** 160 batidas.

4. Faça um novo teste de compreensão de um minuto.

Alguns cuidados devem ser tomados nos exercícios com o metrônomo.

1. O cotovelo deve ter um apoio na mesa, para não cansar.
2. O movimento da mão deve partir do pulso com a mão relaxada, braço esticado e apenas o pulso movendo a mão sobre a linha.
3. A vista segue os três dedos da mão e não a mão segue a vista que está lendo.
4. Não pode haver paradinha no final da linha no momento da batida; você deve conseguir movimentar a mão de forma uniforme, ou não está havendo harmonia.
5. A cada batida, a sua mão e a visão devem estar no final da linha; é errado ter uma batida no início e outra no fim.
6. Você deve começar o movimento da mão no início da linha, mas os olhos devem começar na terceira palavra. Enquanto a mão segue até o fim, os olhos param na penúltima palavra.

7. Faça sempre o exercício com a mão. A mão deve desenvolver o movimento automático antes de fazer o exercício apenas com os olhos.
8. Lembre-se que você faz exercícios a 160 batidas, mas se conseguir ler a 100 já será maravilhoso.
9. A falta de relaxamento prejudica a compreensão.

Exercícios de desenvolvimento

A vocalização é o pensamento dependente da fala. A grande maioria das pessoas pensa na velocidade em que fala e isso provoca muitos problemas.

Por exemplo, algumas pessoas, quando fazem uma leitura em voz alta, necessitam ler novamente para compreender o texto. Também ao falar em público ficam dependentes do discurso que foi preparado e não conseguem pensar ou mudar o rumo da apresentação.

O exercício de eliminar a vocalização, além de resolver esses problemas, ainda desenvolverá a sua mente de forma a facilitar a leitura em velocidade e a memorização.

Faça um breve relaxamento, conte algumas vezes até dez enquanto respira profundamente e afrouxa os músculos do corpo. Observe a postura correta. As pernas não devem ficar cruzadas.

Vamos determinar sua velocidade, lendo o texto escolhido durante um minuto. E anote quantas linhas você leu.

Segunda avaliação: __________ PPM.

Marque um trecho novo, para lê-lo durante um minuto.

Leia o trecho, articulando repetidamente as palavras: um, dois, três, quatro, cinco ou outro som (para que, vocalizando esses sons, as cordas vocais influenciem menos a leitura).

Repita a leitura do mesmo trecho o número de vezes suficiente para que você possa responder as questões que mostrem sua compreensão do texto.

Faça novamente o exercício, agora lendo páginas e falando simultaneamente. Repita a página quantas vezes forem necessárias para entender o texto mesmo se estiver falando.

Esse exercício pode parecer difícil no começo, mas é muito eficiente. Não me diga que não consegue, pois já realizei essa atividade até com crianças.

Depois de um tempo de exercícios, faça uma nova avaliação de um minuto para examinar o seu desempenho. Nessa avaliação você lê normalmente, sem articular palavra alguma.

Terceira avaliação: _________ PPM.

Verifique agora as perguntas de assimilação:

- Quem?
- O quê?
- Qual?
- Onde?
- Quando?
- Quanto?
- Por quê?
- Como?

A cada pergunta, pense no trecho que você leu e procure citar o máximo de itens que se encaixam em cada questão.

Perceberemos que a cada exercício a sua mente ficará mais ágil e, aos poucos, você conseguirá ler e pensar simultaneamente sem perder a concentração.

Classificamos como audição a reprodução mental do som da palavra lida, que pode ser considerada total ou seletiva, caso esse processo seja acompanhado de contração muscular, ou seja, relaxamento deficiente, no qual as cordas vocais estão ativas, o que é ainda pior: deixa de ser uma simples audição e tranforma-se em vocalização.

Audição é ouvir o pensamento, conversar consigo em velocidade maior do que a fala.

Para conseguir que esse **ouvir mentalmente** seja uma audição e não uma vocalização, você precisa relaxar bem no momento da leitura.

A audição é total quando reproduzimos mentalmente o que lemos. A **audição seletiva** é **ouvir apenas a palavra principal de uma ideia**, as outras palavras serão apenas observadas e compreendidas automaticamente.

Durante a leitura não somos obrigados a ouvir tudo, apenas o núcleo da ideia – observando o resto e ouvindo o núcleo da ideia entendemos do mesmo jeito e economizaremos um grande tempo. Lembra do texto no início do livro com as letras escritas fora de ordem?

Para entender um texto é necessário:

Observar 100% das palavras e ouvir apenas a palavra principal de uma ideia, ou seja, usar a audição seletiva. Esse exercício, que elimina a vocalização pode desenvolver em você a capacidade de ler sem vocalização, ou, até mesmo, sem audição total.

Experimente fazer uma nova avaliação de um minuto, passando os olhos pelo texto todo, mas apenas ouvindo na mente a palavra principal da ideia. Cada ideia pode estar expressa em, por exemplo, três ou quatro palavras:

O **carro** está estacionado.

Está **chovendo** na cidade.

Você observou todas as palavras, mas apenas ouviu a sublinhada. Conseguirá perceber que a primeira palavra **carro** que foi ouvida acaba por trazer a lembrança da frase e da ideia de que o carro está estacionado.

A palavra **chovendo** imediatamente sugere que a chuva está caindo na cidade; você apenas observou a palavra cidade, mas a entendeu; podemos ler perfeitamente sem ter que ouvir todas as palavras de uma ideia. Mas é importante observar todas as palavras.

A leitura com audição seletiva é uma leitura da lembrança do que você leu e não da imagem que você está lendo. Por exemplo, em um carro em movimento, observamos uma placa e continuamos a ler o que está escrito na placa mesmo depois de ter passado por ela: ela ficou na lembrança.

Para desenvolver essa habilidade, são necessários muitos exercícios, não apenas para eliminar a vocalização, mas também outros que treinarão sua mente para perceber as ideias em um grupo de palavras, da mesma maneira que hoje você percebe uma palavra em um grupo de sílabas e letras.

AUMENTANDO A VELOCIDADE

Quanto maior a velocidade, maior seu poder de concentração. A compreensão pode ser conseguida em qualquer velocidade, é preciso praticar.

Aceite esse desafio e faça o seguinte exercício:

1. Faça um breve relaxamento. Observe a postura correta.
2. Determine sua velocidade de leitura com um minuto de leitura em um texto previamente escolhido.
3. Marque o dobro de linhas e leia novamente durante um minuto; não se preocupe em compreender, o importante é que você consiga chegar ao final do trecho após o minuto.
4. Repasse o mesmo trecho até que a compreensão dele, nessa velocidade, comece a aflorar.
5. Aumente metade do trecho e recomece a operação. Para atingir um ganho significativo de velocidade, devemos repetir esse exercício com textos durante cinco a dez minutos.

Leia um livro durante dez minutos e verifique quantas linhas conseguiu compreender.
Marque o mesmo trecho adiante: se leu 20 linhas, marque novas 20 linhas. Assim, você deverá compreender o texto inteiro em cinco minutos, ou seja, na metade do tempo.

Isso não será alcançado apenas em uma leitura, será necessário compreender o texto em várias. Com esse exercício você ensinará o seu cérebro a ter pressa. Essa urgência é uma característica desenvolvida e uma habilidade muito útil que deve ser adquirida com treinamento.

EPARMA
Impressão e acabamento
Editora Parma LTDA
Tel.:(011) 2462-4000
Av.Antonio Bardella, nº310,Guarulhos,São Paulo-Brasil